本书受国家自然科学基金项目（72002145，71804119）资助

旅游扶贫的理论、路径
——基于四川旅游扶贫实践

Lüyou Fupin de Lilun、Lujing
—— Jiyu Sichuan Lüyou Fupin Shijian

刘燕　蒲波　胡家镜　曹兴平 著

西南财经大学出版社
Southwestern University of Finance & Economics Press
中国·成都

图书在版编目(CIP)数据

旅游扶贫的理论、路径:基于四川旅游扶贫实践/刘燕等著.—成都:西南
财经大学出版社,2021.11
ISBN 978-7-5504-5177-3

Ⅰ.①旅⋯ Ⅱ.①刘⋯ Ⅲ.①地方旅游业—扶贫—研究—四川
Ⅳ.①F592.771

中国版本图书馆 CIP 数据核字(2021)第 239280 号

旅游扶贫的理论、路径——基于四川旅游扶贫实践

刘燕　蒲波　胡家镜　曹兴平　著

责任编辑:植苗
责任校对:廖韧
封面设计:何东琳设计工作室
责任印制:朱曼丽

出版发行	西南财经大学出版社(四川省成都市光华村街 55 号)
网　　址	http://cbs.swufe.edu.cn
电子邮件	bookcj@swufe.edu.cn
邮政编码	610074
电　　话	028-87353785
照　　排	四川胜翔数码印务设计有限公司
印　　刷	四川煤田地质制图印刷厂
成品尺寸	170mm×240mm
印　　张	12.25
字　　数	231 千字
版　　次	2021 年 11 月第 1 版
印　　次	2021 年 11 月第 1 次印刷
书　　号	ISBN 978-7-5504-5177-3
定　　价	78.00 元

前　言

《中华人民共和国国民经济和社会发展第十四个五年规划和2035年远景目标纲要》（以下简称"十四五"规划）建议，通过顶层设计和政策调整，全面实施乡村振兴战略。乡村旅游在促进产业发展、解决人口就业、加快城乡协调发展、助力农民增收致富、美化农村环境、促进贫困地区"脱贫摘帽"方面发挥了重大作用，已经被广泛视为助力脱贫攻坚、实施乡村振兴战略的重要途径之一，成为乡村振兴的重要驱动力。本书系统回顾了以旅游发展作为扶贫的重要抓手，在理论创新、实践路径方面的做法，并对旅游扶贫过程中的案例进行解读为乡村振兴提供经验借鉴。

本书分为理论、路径和案例三个大的板块。在第一个板块中，我们选取了目前我国在旅游扶贫方面应用最广泛的五大理论进行研究和分析，分别为系统理论、利益相关者理论、社区参与理论、比较优势理论和增权理论。这些理论为我国的旅游扶贫提供了强有力的指导，帮助一个又一个地区通过开发旅游资源，实现了精准脱贫。因此，本书将站在理论的角度，从宏观上阐述我国的旅游扶贫方法论。在第二个板块中，我们以四种最常见的路径来阐述具体的旅游扶贫方法，分别为"景区带动"型、"能人带户"型、"资产收益"型和"合作社+农户"型。在第三个板块中，我们将这些扶贫路径结合四川的具体案例，运用于现实的场景，做出进一步阐述，以此加深读者对这四大路径的理解。

值得一提的是，2021 年 2 月 25 日，习近平总书记在全国脱贫攻坚总结表彰大会上庄严宣告，我国脱贫攻坚战取得了全面胜利。为此，本书以旅游扶贫路径理论阐述与旅游扶贫案例分析相结合的方式开展研究，力求在回顾解决四川旅游扶贫进程中遇到的实际问题的同时，为我国更好地建立防返贫、防致贫机制提供有效建议。

虽然我们竭尽所能做了大量的工作，但是不足之处在所难免，恳请广大读者批评指正。最后，我们由衷地希望本书中所列的理论、路径及所对应的案例能够对读者的实践或学术研究有所帮助。

笔者

2021 年 9 月

目　录

理论篇

路径篇

理论篇

本部分选取了目前我国应用最广泛的五大理论进行研究和分析，分别为系统理论、利益相关者理论、社区参与理论、比较优势理论和增权理论。这些理论为我国的旅游扶贫提供了强有力的指导，帮助一个又一个地区通过开发旅游资源，实现了精准脱贫。因此，本书将站在理论的角度，从宏观上阐述我国的旅游扶贫方法论。

1 扶贫与旅游扶贫的基本概况

1.1 乡村振兴背景下的旅游扶贫

1.1.1 乡村振兴战略与贫困治理

长期以来，贫困治理作为一项重要的举措，对全面建成小康社会、实现人民群众美好生活目标有着重大的意义。自党的十八大以来，我国扶贫事业稳步向前推进并取得了历史性的成就：首先是贫困人口的下降，由 2012 年年底的 9 899 万人锐减至 2018 年年底的 1 660 万人；其次是贫困发生率的下降，从 2012 年的 10.2% 下降至 2018 年的 1.7%。2013 年 11 月，习近平总书记在湖南花垣县十八洞村首次提出"精准扶贫"的概念，从概念的提出到 2020 年全面建成小康社会目标的实现，我们可以将其界定为狭义上的"后扶贫时代"，在这一阶段，绝对贫困问题得到解决；而广义上的"后扶贫时代"则是从"精准扶贫"概念的提出到 2050 年前后实现贫困对象可持续稳定脱贫，消除相对贫困、实现共同富裕的阶段。本书将在广义上的"后扶贫时代"背景下进行具体问题的探讨。

从"精准扶贫"政策实施开始，农村便一直是脱贫攻坚的主要地区。如何缩小城乡差距、解决好"三农"问题与我国扶贫攻坚的成败息息相关。党的十九大明确提出要实施乡村振兴战略，它成为我国乡村地区力求脱贫致富促发展的顶层设计。作为新时代指导党和国家未来发展"七大战略"的重要组成部分，乡村振兴战略将着力点放在解决我国农业农村发展不平衡不充分的问题，破解城乡发展二元格局以及推动城乡一体化发展上。它对巩固乡村地区脱贫攻坚成果、补齐农村事业发展短板、开创"三农"工作新局面提供了新的发展思路和空间。

2020 年，习近平总书记在决战决胜脱贫攻坚座谈会上的重要讲话指出，

"脱贫摘帽"不是终点，而是新生活、新奋斗的起点。我们要针对主要矛盾的变化，理清工作思路，推动减贫战略和工作体系平稳转型，统筹纳入乡村振兴战略，建立长短结合、标本兼治的体制机制。幸福美好生活必须通过辛勤劳动和艰苦奋斗来实现，做好精准扶贫与乡村振兴的有效衔接，通过政策激励和其他制度举措激发广大农村地区和低收入群众发展的内生动力，为全面实现农业农村现代化提供新动能和更广阔的发展空间。乡村振兴是我国农村发展阶段性战略的延续，它为减贫提供了强大的动力和坚实的保障。通过实施乡村振兴战略，我们能够进一步完善基础设施和公共服务体系，壮大人力资本，完善乡村治理，优化生态环境，巩固产业基础，为农村减贫提供内生动力和外生活力。因此可以看出，乡村振兴能够保障农村减贫的有效性和长久性，而农村减贫又可以推动乡村振兴战略的稳步发展。乡村振兴与农村减贫能够相互影响并相互支持，将两者有机结合、协调推进，是 2020 年实现全面脱贫后相对贫困和乡村振兴战略交汇时期的必然选择。

1.1.2 乡村振兴战略与旅游扶贫

中国共产党第十九届四中全会指出，要坚决打赢脱贫攻坚战，建立解决相对贫困的长效治理机制。由于贫困地区具有贫困发生率高、脆弱性程度高、返贫风险高等特征，在 2020 年完成现行标准下的贫困人口脱贫并不代表贫困的"终结"。"后扶贫时代"还面临着相对贫困这一复杂性难题，要想攻克这个难题，实现贫困人口"真脱贫、不返贫"，那么根据贫困地区的具体情况发展能长效持久带动经济效益的产业是关键。

贫困地区有相当一部分地处山区，与其相随相伴的是丰富的旅游资源。但这些旅游资源往往没有被发现，更别说进行系统的旅游开发。贫困地区交通等基础设施的落后和通达性的缺乏使得当地原本令人向往的景色，却鲜为人知和令人望而却步。因此，统筹规划、充分挖掘这些贫困地区的优势旅游资源，兴办旅游产业实体，使旅游业成为当地的支柱产业，可以帮助贫困地区的居民和政府财政双双脱贫致富。旅游扶贫作为一种开放式产业扶贫手段和一种典型的参与式扶贫，它强调贫困地区的群众要积极参与到旅游产业发展的过程中，并且要对贫困户赋予一定的机会和权利，着重提升其自我发展能力。要想真正解决贫困问题，防止脱贫户再返贫，"精准式扶贫"和"造血式扶贫"是关键。也就是说，旅游扶贫并不是单向的物质或者资金的发放，而是将当地的旅游资源与贫困户的资本整合起来，对贫困户进行文化、技能等方面的培训，促使其实现就业目标。例如，相关部门可以通过加强对贫困户在乡村旅游市场中经营农家乐、客栈、农副土特产品兜售等微小型旅游项目等路径的扶持，来培养其可持续生计能力。同时，生态环境的保护也需要受到足够的重视，不能为了"金山银山"就"毁了"绿水青山。在旅游业的帮助下，我们要依靠绿水青山，并将其变成金山银山，从而为贫困地区创造大量的经济利益，并为当地的居民提供稳定的就业岗位，使他们依靠自己的力量实现致富。

旅游扶贫不仅是脱贫攻坚产业扶贫的重要手段，也是实现乡村振兴战略的重要抓手。原国家旅游局 2017 年数据显示：2011 年以来，中国通过乡村旅游已带动 1 000 万以上贫困人口脱贫致富，占贫困人口的比重超过 10%。近年来，国家相关部门先后出台了《乡村旅游扶贫工程行动方案》等多个文件，强调了乡村旅游扶贫在我国脱贫攻坚战中的重要地位。乡村振兴战略被提出以后，旅游扶贫作为精准扶贫的重要组成部分，在发展乡村经济中起到了越来越大的作用。在实施乡村振兴战略的背景下，把旅游扶贫放在反贫困的重要位置，用旅游扶贫振兴四川贫困地区的经济，作为脱贫、反贫困的重要因子，又把旅游扶贫的成果反哺给乡村振兴，用旅游扶贫促进乡村经济发展，从而推动四川省脱贫攻坚目标的实现。

1.2　国外旅游扶贫概况

1.2.1　国外旅游扶贫的概念

旅游扶贫（pro-poor tourism，PPT）的概念最早于 1994 年 4 月由英国国际发展署（DFID）在可持续发展委员会的报告中提出，这一概念将旅游与扶贫结合在了一起。PPT 强调通过对贫困地区进行旅游开发，让贫困人口能够从中获得发展机会和收益，这些机会和收益不仅包括经济上的，还包括社会和文化上的，它不只是一种特殊的旅游产品或是旅游业的一个组成部分，更是一种新的发展旅游的方式和途径。

PPT 的宗旨在于让贫困地区人口获得经济利益、其他生活利益（社会、自然、文化）和无形的福利。因此，PPT 的目标相对于我国的"旅游扶贫"而言，不只是局限于将贫困地区人口的收入越过贫困线，但提高贫困地区人口的经济收入仍然是其基础和首要目标。世界旅游组织（WTO）提出了贫困地区旅游可持续发展模式（sustainable tourism for eliminating poverty，ST-EP）的概念，该模式从利益相关者、旅游竞争力、生态环境、社会环境、人才培养等多角度出发，研究和制定以旅游业作为贫困地区可持续发展平台的工作方案；

该模式还特别强调"社区参与""社区收益"等关乎实际成效获取和发展能力提升的关键因素，用以解决在旅游过程中遇到的社会、文化、经济、环境等问题。其核心包括：①社区参与方式——要树立"前台—后台"理念；②旅游经营主体——要与社区发展能力相符；③收益分配机制——必须建立公平的收益分配机制，尽可能使社区居民、投资方、地方政府等利益相关方都能各取所需、各偿所愿。ST-EP 模式强调，旅游扶贫过程中的可持续发展是一种重要手段，在面对旅游扶贫开发中的旅游投资者、旅游管理人员、政府和旅游者等相关利益群体关系时还强调，要为旅游扶贫示范项目提供启动资金。ST-EP模式的内涵与 PPT 是一致的，都以促进贫困地区经济发展为主要目的。

1.2.2　国外旅游扶贫的相关理论发展历程

1.2.2.1　自由主义与新自由主义理论

在 20 世纪五六十年代，人们强调旅游发展能够促进经济发展和现代化的实现，创造就业机会，并为贫困人口传递利益。到了 80 年代，人们则强调发展旅游业是摆脱债务的手段，旅游业能够吸引外国投资和促进私营企业发展，并提供就业岗位和创造外汇。到了 90 年代末期，旅游业与自由贸易、民主进程及反贫困并肩发展，人们强调旅游业是扶贫的经济部门，可以解决贫困和不平等问题。

1.2.2.2　批判与反思

在 20 世纪七八十年代，人们将旅游业的发展与"旅游飞地""严重依赖外资""社会不平等"联系在一起，认为旅游业的发展破坏了当地的风俗文化和生活方式，打破了传统的社会网络。到了 90 年代，伴随着反全球化的呼声高涨，人们将"旅游业"定义为资本主义推进到更加偏远地区的一种方式。后殖民主义认为，由于原真性的文化与自然充满神秘感，从而吸引了旅游者的到来，但同时也产生了主人与客人间的阶级差异。

1.2.2.3　可替代发展

20 世纪 70 年代末期，有学者提出了可替代的旅游方式，包括小规模旅游、公平旅游、教育旅游和保护旅游等。到了 80 年代，旅游业的发展重点包括生态和社会可持续性，"生态旅游"的概念出现。到了 90 年代，有学者提出旅游业给贫困社区提供了生活多样化的选择，同时社区能够积极参与到旅游业的发展中并得到相关赋权。

1.2.2.4　后结构主义

20 世纪 90 年代末期，反对简化主义者对发展旅游业持中立态度，认为发展旅游业既不好也不坏，强调将旅游业作为一个复杂的系统，当地人可以行使相关的权力，他们可以抵抗、反对、操纵甚至改变旅游业来维护自身的利益。

1.2.3 国外旅游扶贫的经验

1.2.3.1 注重社会效益

在国外，学者们对于"旅游扶贫"这个概念仍然存在比较大的争议，最直接的争议点就是旅游扶贫是否真的能够帮助贫困地区人口脱贫致富，让当地的居民能够在参与旅游扶贫的过程中获益。贫困者想要脱离贫困离不开旅游业的发展，然而当旅游业发展起来了，社区居民却不一定能够从中获益，也就是说旅游扶贫也会带来一些非经济的影响。这些非经济的影响一般都是难以度量的，且大多是负面的，甚至在20世纪七八十年代出现了旅游扶贫反而会加深贫困的观点，如游客的到来会使得当地的居民争夺水资源、粮食资源和土地资源等。

如果整个旅游目的地不能得到成功的发展，仅是某些方面取得成功，那么PPT是根本不成立的。因此，我们不仅要在宏观上关注贫困地区居民经济上的收益，还要在微观上关注PPT所产生的非经济影响。

1.2.3.2 注重企业参与

支持PPT的专家认为，旅游扶贫必须通过与主流大型的旅游企业展开全面战略合作，才能最大限度地提高全面扶贫的成功率。同时，旅游扶贫中的重点项目的定位必须是面向大众的，而不是打造所谓的"小而精"、面向高端人群的度假花园，只有这样才有足够的经济力量带动贫困地区的发展，带领贫困人口脱贫致富。

西方早期的专家、学者非常推崇基于社区的旅游扶贫模式，即CBT（community benefit tourism）。该模式赋予了社区极大的自主权力，社区一般完全拥有和经营旅游设施，其他的私营部门只能提供相关的配套服务，这样一来，社区居民就能够完全参与到当地的旅游发展和管理中，极大地提高了他们的积极性。但是，由于贫困地区的社区往往缺乏相关的技能、资源和管理经验，因此在实际经营过程中人们发现这种模式很难盈利。所以后期一些专家、学者转变了观点，认为在PPT过程中引入利益相关者的合作是很有必要的，这种模式便是合资企业模式。这种模式就是利用私营企业的市场进入能力，充分整合私营企业的社会资源与贫困地区的旅游资源来帮助贫困地区人口实现脱贫。

1.2.3.3 强调旅游产业相互关联

西方现有的研究已经得出了一条很明确的结论，即只通过旅游产业自身提供的就业岗位很难达到令人满意的扶贫效果，甚至其产生的结果还可能导致旅游扶贫的作用被低估，只有将旅游价值链上的关联产业与旅游业进行整合，使它们相互融合，才能提高甚至放大旅游扶贫的效果。究其原因，一方面是因为贫困地区的居民往往缺乏从事旅游业工作的相关技能与经验，导致其并不能从旅游扶贫中得到直接的收益；另一方面是因为旅游业本身对农业等贫困地区人口较聚集的产业产品存在一定的依赖性。现有的一些研究发现，旅游业的间接影响甚至超过了其带来的直接影响，如旅游业发展带来了往来的游客以及相关的外来从业人员，并且旅游业需要人力去建设诸如酒店、度假村、游乐园等相关旅游设施，那么该地区对农产品、食品加工、建筑、工艺品制造等就会存在很大的需求，从而能够为从事这些行业的人们提供就业机会。总结起来就是旅游业不是扶贫的全部，而是起到了引领、带动的作用。

1.2.4　国外现有的旅游扶贫类型

旅游扶贫要因地制宜，必须结合当地的资源类型与文化背景去制订扶贫计划，因此其本身并不存在标准的模式。国外的旅游扶贫类型一般分为自然资源旅游扶贫、文化遗产旅游扶贫、农业旅游扶贫、旅游住宿业扶贫和社区旅游扶贫五大类。

1.2.4.1　自然资源旅游扶贫

"绿水青山就是金山银山"是时任浙江省委书记习近平于2005年8月在浙江湖州安吉考察时提出的科学论断。规划先行，是既要金山银山，又要绿水青山的前提，也是让绿水青山变成金山银山的顶层设计。自然资源旅游扶贫就是要将绿水青山变成宝贵的金山银山。"绿水青山"这一概念不是特指以山林为主的自然资源，还包括野生动物、山林雪地、海岛、气候、地质景观等，这些旅游资源通常在一些发展中国家极其丰富，这些国家一般集中在东南亚、非洲、拉丁美洲，在这些地方开展旅游扶贫，有可能会产生意想不到的效果。旅游业的发展也带动了当地的相关配套产业的发展，贫困人口可以通过提供住宿、美食、向导、购物、服务等方式参与其中。另外，随着旅游业的发展，当地的居民更能感受到保护自然资源与生态环境的重要性和迫切性，让其自发地减少对自然的依赖和破坏，从而起到了在让居民受益的同时又保护了自然环境的作用。

1.2.4.2　文化遗产旅游扶贫

中国的贫困地区大多都有着丰富的文化遗产和非物质文化遗产，这些都是发展文化遗产旅游扶贫的关键要素。我们要突出乡村旅游文化特色，在保护的基础上，有效利用文物古迹、传统村落、民族村寨、传统建筑、农业遗迹、灌溉工程遗产、农业文化遗产、非物质文化遗产等，融入乡村旅游产品开发；丰富乡村旅游产品类型，对接旅游者观光、休闲、度假、康养、科普、文化体验等多样化需求，促进传统乡村旅游产品升级，加快开发新型乡村旅游产品。

目前，西方学者对文化遗产的研究主要集中在其带来的有利影响上，包括提高社区居民生活文化水平和地区自豪感、促进地方政府和居民对传统文化与工艺的保护和传承意识、推动各地区之间的文化交流等，对于其负面影响的研究比较少。

文旅融合是一个旅游与文化遗产结合发展的方向，即在本土文化的基础上，充分运用当地特色文化开展相关旅游活动，从而达到旅游扶贫、乡村振兴的目的的一个手段和呈现方式。文旅融合在乡村旅游扶贫实践中有着极其重要的地位和意义，其价值评估不容小觑，它在提高农民收入、改善物质生活条件中，发挥着积极的带动作用。但是，如果村民对于自身文化没有清醒的归属感、荣誉感和自豪感，以及自发自觉的主动意识，就不可能提供更高价值的文化旅游产品给消费者。反过来说，如果村民能够充分发掘乡村特点，并对当地文化中的积极方面给予肯定，并立志弘扬其中符合传统文化精神的部分，使其顺应时代变革，从而建立起对自身地域文化的自信心，那么即使是乡村个体也能够提供独具价值的旅游服务。

1.2.4.3 农业旅游扶贫

农业与旅游扶贫两者之间存在着较为紧密的关系，总体上说，农业旅游可以带来较好的扶贫效果。目前，西方学者的研究方向主要集中在农产品的供应上，这点正与我国学者热衷于研究的农场观光、乡村旅游截然不同。其实，如果能将某一类具有当地特色的农产品做成品牌，并进行包装销售，同样可以带来较高的附加值，为社区居民提供更高的收益，这也为我国的旅游扶贫开发模式提供了新的视角。西方学者对于农产品供应的研究主要集中在农产品供应中存在的障碍上，包括食品质量控制、交通限制、品牌经营者与农户沟通不畅和信任问题等。

原国家旅游局发布的《国家旅游局关于进一步做好当前旅游扶贫工作的通知》指出，旅游扶贫作为国家脱贫攻坚战略的重要组成部分，是产业扶贫的主要方法，全国旅游业须抓好旅游扶贫，使其产品业态不断丰富。相关部门要鼓舞和支持地方政府通过各种旅游扶贫途径助力贫困人口脱贫，着力构建以贫困人口为基础环节的利益联结链，建立长期、稳定、相对合理的利益分配机制；要鼓舞贫困人口直接开办农家乐和经营乡村旅馆、销售农副土特产品以获得经营性收入，鼓舞贫困人口到景区景点、旅游企业打工就业以获得工资性收入，鼓舞贫困人口通过资产入股、资源入股等形式获得财产性收入；还要激发贫困人口参与发展旅游业的主动性和踊跃性，构成持久内生动力。

1.2.4.4 旅游住宿业扶贫

住宿业也是旅游扶贫中的一个重要组成部分，住宿业扶贫的主要渠道包括提供就业机会、采购当地的各类产品（食品、建筑、装修、娱乐等）、促进相关服务业的发展（洗衣、零售、餐饮等）。通常情况下，外来资本在当地投资酒店，都会提高当地的员工雇佣数量，并使其综合素质得到不断发展和提高。

每一个村子都有自己的灵魂，当地政府在开发过程中抓住其独有的灵魂，并找到合适的呈现方式，这就是营销领域的"目的地营销"。民宿不应该是散落在不同乡村里的连锁快捷酒店，也不应该是富人在乡间的豪华度假场所。在目的地营销理念中，"投入大量资金"并不是经营民宿的标配，而充分挖掘自身特色才是关键所在，因为民宿的特色不是从外面带进去的，而是从里面生发的。

经营民宿还需要故事讲得好。做好目的地营销，可以让村中的低收入农户不再受限于资金问题。只要能做到屋内干净整洁，使其看上去有故事、有内涵、有创意，农户就可以开门做民宿生意，并通过目的地营销实现不同村庄、不同业主间经营的差异化，有效避免同质恶性竞争、提升乡村农户经济收入水平。

1.2.4.5 社区旅游扶贫

国内外大量的实证研究表明，社区旅游扶贫具有良好的效果，这种模式不仅可以促进贫困地区的经济发展，让社区居民从中实实在在地获益，还能显著地促进当地的社会文化发展。但是社区旅游扶贫中还存在一些比较大的问题，最主要的是如果采用自上而下的模式，让投资商主导旅游资源的开发与运营，由于旅游项目需要较高的投资，一般投资商出于市场风险的考虑，对于贫困地区的旅游开发尤为谨慎，当地政府也没有能力为旅游扶贫提供所需的资金；如果采用自下而上的模式，前面也说到，由于社区的居民缺乏资金、技术、经验等，常常出现旅游扶贫越扶越贫的状况。不过社区旅游扶贫也有其优点，那就是拥有较长的生命周期、发展速度非常快等。在我国少数民族地区，社区居民对于旅游扶贫的参与度往往较低，社区旅游扶贫模式要真正实施起来还是具有较大难度的。

泰国的社区乡村旅游（CBT）项目就是乡村可持续发展的实践者，一共有32个乡村参与，主要集中在泰国的北部、南部和东北部。当地人向外界描述其生活方式，并改进他们的沟通技巧的过程，这不仅有助于当地人与游客互动，收到的反馈信息还增强了他们的社区自豪感，为其培养了一种分享文化认同感和群体意识。社区旅游更多的是一个"参与式的过程"，这意味着每个人都有机会一起工作，分享他们的技能和希望。社区成员通过相互协助规划和管理社区重建，建立起了更紧密、更牢固的关系，这也是加强社区信任和团结的基础。

"Baan Huai Hee"是泰国第一个也是最成功的社区旅游扶贫项目之一。它通过建立社区旅游扶贫项目，使当地村民能够邀请客人到他们的村庄来，分享他们的文化与生活方式，并向外界证明克伦族①人能够将农业与保护森林结合起来。

1.3 国内旅游扶贫概况

1.3.1 国内旅游扶贫的发展阶段

旅游扶贫是我国整体扶贫体系中的一个重要组成部分，和我国的扶贫事业是一同开展的，其先后共经历了三个主要阶段，分别为：①起步阶段，这一阶段的起点是20世纪80年代；②初步发展阶段，这一阶段的起点是20世纪90年代；③深化阶段，这一阶段的起点是21世纪初。在我国旅游扶贫事业的不断发展过程中，国家旅游主导部门和旅游扶贫的相关政策起着重要的推动作用。

1.3.1.1 起步阶段

这一阶段的旅游扶贫可以分为两个时期，分别为20世纪80年代前、中期和80年代后期。在20世纪80年代前、中期，主要是一些靠近核心旅游景区或大城市周边的贫困地区，通过利用其距离这些景点或城市较近的区位优势，兴办旅游业，开发当地的旅游资源，成功地将一批游客引入，从而走上了脱贫致富之路。在80年代后期，国家从政策层面正式地肯定了发展旅游的成效，在"七五"计划中，将旅游业纳入国民经济和社会发展计划之中，并为一批具有优质旅游资源的地区提供了相应的资金支持。从此之后，我国的旅游资源开始得到有计划的开发建设，取得了良好的促进农民创收的效果。

---

① 克伦族（Karen）是一个主要居住在缅甸南部的民族，因战乱，其部分迁居至泰国北部山区，成为泰国的少数民族。

以旅游业成就美丽乡村最早也要从 20 世纪 80 年代农家乐的兴起开始算，彼时造乡是自内而外、自下而上的以农民为主体的自发经营和乡村环境营造。随着乡村旅游的发展，乡村休闲及度假业态层出不穷，涌现出以商业为本质寻求产业持续发展的旅游造乡模式，如北京干峪沟村、浙江德清莫干山、陕西袁家村、江西篁岭古村等。

此阶段的标志性扶贫路径就是通过大力发展农家乐，带动大城市周边的乡村居民增收。真正以"农家乐"命名的乡村旅游始于 1987 年，在休闲之都——成都郊区龙泉驿书房村举办的桃花节。这次桃花节把农事活动、乡村田园风光、乡土民俗文化、乡村民居和聚落文化与现代旅游度假、休闲娱乐相结合，形成了一种全新的旅游形式。

1.3.1.2　初步发展阶段

该阶段有两大标志性事件。第一件为 1991 年在全国旅游局长会议上，在旅游发展过程中取得卓越成效的地区代表们首次提出了"旅游扶贫"的口号。最富代表性的就是隶属于四川省阿坝藏族羌族自治州的九寨沟县，在 1992 年成功入选世界自然遗产名录后，九寨沟景区周边乡镇的居民开始大规模加入九寨沟景区的保护与开发工作中，景区的日益发展不断地为当地居民提供就业岗位和创业机会，帮助无数家庭摆脱了贫困。第二件为 1996 年原国家旅游局在旅游发展问题重要提纲中将旅游扶贫问题选为重要议题之一。同年的 10 月起，原国务院扶贫开发领导小组办公室和原国家旅游局相继召开了各类大大小小的旅游扶贫工作会议，对旅游扶贫进行专题研究，并总结各地在发展旅游业中的经验教训。到了 1998 年，我国原国家旅游局推出了一系列"吃农家饭、住农家院、做农家活、看农家景"活动，在全国各地掀起了一股乡村旅游的热浪。

1.3.1.3　深化阶段

21 世纪初，我国将西部大开发作为一项国家发展的重大战略投入实践中。同时，国家对开发式扶贫日益重视，旅游扶贫开始越来越受到相关部门以及地方政府的青睐。原国家旅游局也开始推出主题年活动，乡村旅游得到了大力发展，出现了一大批具有鲜明乡土特色和时代特点的乡村旅游地与乡村旅游区。正是因为乡村旅游对于繁荣乡村经济、增加农民收入、促进就业等方面具有积极的意义，所以乡村旅游的发展已经引起了国内外旅游界和学术界的高度关注。到了 2006 年，原国家旅游局正式将当年的全国旅游主题确定为"展示新农村、新旅游、新体验、新风尚的中国乡村游"，2007 年的口号是"和谐城乡游"，这些都大大地推进了乡村游，它已经渐渐成为旅游业的新亮点。从此以后，我国的旅游扶贫工作开始进入一个高速发展的阶段。

由此可见，早期的旅游扶贫工作已经给贫困地区带来了天翻地覆的变化，国家相关部门也已经非常认可旅游扶贫的成效，发展旅游业也日益成为贫困地区脱贫致富的法宝，地方政府也越来越重视旅游扶贫工作的开展。但是必须要明确一点，就是旅游扶贫工作通常只有在具备一定条件的地区才能顺利开展。发展旅游业可以为某些拥有丰富旅游资源的贫困地区带来强劲的经济增长动力，帮助贫困地区人口摆脱贫困，甚至可以成为当地的一项支柱产业而持续不断地创造财富。有相关研究在精准扶贫的大背景下，基于精准识别的一手村庄调查数据，不仅精准评估乡村旅游扶贫工程的整体减贫效应，同时还拓展了乡村旅游扶贫的内涵和深度，从交通设施建设、旅游产业项目建设、旅游就业参与三个方面深入考察不同开发环节的减贫效果。结果显示：乡村旅游可以通过多种途径和环节显著提升贫困户的收入水平，证实了"乡村旅游减缓了贫困"这一在学术界存在争议的观点。

乡村旅游扶贫是一项能够让农民实现脱贫、走向致富的利民工程、民心工程。要让农民在发展乡村旅游中充分获益，真正发挥"乡村旅游业+精准扶贫"的作用，关键是要发挥农民在乡村旅游开发及经营中的主体地位，这种主体地位不仅是强调农民是乡村旅游的开发主体或经营主体，更是强调他们自身应在思想上树立主体意识。然而，由于缺乏市场意识、专业知识等方面的原因，作为资源所有者的当地农民往往不了解市场，不了解自己所拥有的资源的经济价值，更是缺乏投资能力。

1.3.2 国内旅游扶贫实践中存在的问题

1.3.2.1 混淆旅游扶贫与旅游开发

有一些地方政府和社区居民对于旅游扶贫的认识不够充分，在固有观念的影响下认为旅游扶贫就是旅游开发，旅游就是游山玩水，认为旅游并不能扶贫，甚至认为旅游开发是对当地资源的掠夺。由此可见，其对于旅游扶贫的意义、作用和功效没有一个清晰的认知。此外，一些地方政府和居民虽然了解并认可了旅游扶贫的意义、作用和功效，但是在旅游扶贫工作的开展中却不能运用其科学规律。旅游扶贫和旅游开发在本质上是有区别的。从意义上讲，旅游开发更多的是一种市场的经济行为，大多以企业获利为目的；而旅游扶贫是一项政治工程和社会工程，往往由政府主导，企业配合开发、运营和管理，其根本目的是帮助贫困地区人口脱贫致富，以实现国家全面建成小康社会的宏伟目标。

1.3.2.2 扶贫工作不够精准

在现实中，由于旅游发展具有较高的经济属性，开发和运营都需要一定的资金，所以旅游市场经营主体一般都是开发商或当地有一定经济基础的村民，这样一来就会造成利益继续流向富裕的群体，而贫困的群体却在旅游扶贫的过程中只能获得较少的利益，也就有可能进一步拉大贫困地区的贫富差距。同时，本就贫困的群体还要承受旅游发展带来的环境问题和物价上涨问题，因此真的有可能到最后把旅游扶贫弄成"越扶越贫"的窘境，以至于增加贫困地区的社会矛盾。为了防止这种现象的产生，政府就要制订出精细化的旅游扶贫规划，并出台相应的政策来保护贫困地区的弱势群体，让其在旅游扶贫中获得实实在在的直接利益。

1.3.2.3 旅游资源得不到精益化开发

贫困地区的旅游资源在开发过程中往往存在"短时"的问题，即在短时间内对资源进行过度的开发，严重超出环境的承载力，造成生态及人文环境的严重破坏。这种现象一般是当地政府或居民急功近利造成的，对旅游开发缺少相应的控制与监督，导致盲目、过度、粗放的开发，这种行为是竭泽而渔，必须及时停止。还有一些乡村在旅游开发中照搬照抄，现在流行玩什么自己就开发什么，或者片面地追求高大上的项目，完全忽视了自身资源的特点和优势，导致一些乡村旅游项目千篇一律，使得旅游扶贫丧失了可持续发展的能力。

1.3.2.4 社区居民参与程度低

贫困地区的居民受制于其文化程度相对较低、知识水平有限，加之受生活方式、习俗、宗教信仰等因素的影响，他们往往很难与游客融为一体。具体表现为服务意识淡薄、缺乏经验技巧，难以将其自身所拥有的一些技能转化为产业资本。同时还存在缺乏专业的培训，致使当地居民的业务水平不过关，在餐饮、住宿、向导方面都难以向游客提供优质的服务，因此难以获得丰厚的回报。

1.3.2.5 政府缺乏对自身的精确定位

在各地的旅游扶贫中，政府的表现有可能会出现两种极端：一种是事事皆管，浪费了大量的行政资源，并承担了高额的财政负担；另一种是无为而治，让贫困地区居民自己操办。究其原因，就是政府对于自己在扶贫工作中所扮演的角色缺乏清晰的定位，导致不是给政府本身造成了极大的财政压力，就是扶贫工作收效甚低。

1.3.2.6 缺乏对旅游资源后期的维护保养

在一些贫困地区，人们脱贫心切，往往注重开发，从中获取利益，而不花费资金、时间、精力去保护或维护这些资源，结果就是虽然当地居民在一定程度上摆脱了贫困，但却破坏了当地的生态环境。这种以牺牲环境为代价的掠夺性开发是不可持续的，从长远来看并不能让旅游扶贫发挥出应有的作用。

1.3.2.7 把陋习当作特色去开发

一般情况下，人们在旅游开发中都会把当地的一些风俗和习惯作为特色去吸引游客，尤其在贫困地区，各种充满神秘感的风土人情与文化习俗是吸引远道而来的游客的一把利器。但是，旅游开发并不等于要把所有的东西全部呈现在游客眼前，而是要去其糟粕、取其精华，应当保留、继承并弘扬优良民俗，摒弃一些陋习和封建迷信思想。如果在一些贫困地区将装神弄鬼的迷信活动作为特色来开发，那么该地的旅游形象将会给人一种庸俗的印象，导致贫困地区的旅游发展误入歧途。

1.3.2.8 旅游开发房地产化

现在很多开发商都打着文化旅游或扶贫攻坚的幌子，在贫困地区到处圈地，然后打造出各类所谓的酒店、度假村，并将其对外销售。这种模式最多也就是在基础设施建设上可以为贫困地区提供帮助，但从长远来看，在度假村对外销售后，根本无法保证每年都会有稳定数量的游客前来度假观光，这样其实对于扶贫根本起不到什么作用。因此，建造一定量的度假村是可以的，但是不能围绕贫困地区的某一自然景观而把这里当成城镇去建设。切勿在当地建起一栋又一栋的现代化小区，应当保持当地原始的风貌、古朴的风情和自然安宁的环境。

1.3.3 国内旅游扶贫的出路

1.3.3.1 加强指导与扶持

从国内外的旅游扶贫经验来看，一般取得较好成效的都是由政府在扶贫工作中起主导作用，因此可以得出结论，政府主导型旅游开发模式是扶贫的有效形式。政府在扶贫中应当将工作重心放在道路交通、通信、电力等基础设施的建设上，并为扶贫地区提供必要的政策支持。

1.3.3.2 始终坚持可持续发展路线

在实施旅游扶贫的过程中，政府必须坚持生态先行，坚持走可持续发展道路，确保旅游资源不断地发挥其价值，让子孙后代也能享受到这些旅游资源带来的福祉。因此在旅游扶贫初期，政府必须要制定正确的发展战略和发展规划，在加快贫困地区脱贫致富的过程中，保护好环境。

1.3.3.3 鼓励扶贫机制创新

在扶贫过程中，政府既要明确旅游对扶贫的意义、作用和功效，又要将旅游扶贫和旅游开发加以区分。旅游扶贫有自己的发展规律和政治使命，需要各部门之间的协同创新。在扶贫过程中，各地区应当定时举办扶贫交流会议，将各自发现的问题拿出来交流，一同讨论解决方案，并将一些地区成功的经验拿出来分享。同时，我们应当增强政府和高校间的合作，强化产学研联动机制，着力解决旅游扶贫发展过程中的共性问题。

1.3.3.4 精准识别问题

旅游扶贫的关键在于精准，也可以说是精确地识别。在实施旅游扶贫前，当地政府先要弄清楚乡村旅游地贫困人口的致贫原因，因户施策，对其进行精准帮扶和动态化管理。同时，对于那些因为各种原因无法参与旅游发展的弱势群体，政府则应当建立社会保障体系，优化旅游扶贫中的再分配问题；对于那些有能力但缺乏相关旅游服务技能的人群，政府应当为其提供相应的培训；对于那些想要借助旅游业的发展自行创业但前期缺乏初始资金的人群，政府应当为其提供相应的金融政策予以支持。

1.3.3.5 规划先行

在旅游扶贫的过程中，当地政府应始终坚持协调发展理念，并结合区域的地理、人文和整体经济社会进行总体考虑和规划。在单个旅游扶贫项目中，政府要以规划为工具，全面统筹兼顾经济、政治、文化、社会、生态文明的建设，协调外来资本与社区居民利益之间的关系，整合来自不同部门的资源，真正地推动旅游扶贫、助力全面小康建设，留得住青山，留得住乡愁。

1.3.3.6 鼓励社区参与

社区参与型乡村旅游是一种综合运用农业种植、景观生态、生态旅游、旅游规划、环境经济等学科知识的旅游形式，在实践中对改变社区贫穷落后面貌有明显效果。社区参与具有促进农村产业生态化、产业多样化，推动农村新兴产业发展，增加农民收入，确保农村持续发展的效果，同时具有改善农村环境、提高农村人口生活质量的综合效用。

在社区参与的具体做法中，当地政府应加强对社区居民参与旅游扶贫过程中筹资、投资的预算等工作的管理。在进行旅游相关决策时，当地政府应征求并重视村民的意见，因为合作比合资更重要；要重视村中能人，发展民族精神领袖加旅游能人"KOL（关键意见领袖）"制度；要将重点放在民族技能自信、文化自信引导和培育贫困户上；旅游扶贫信息披露和传播重点应向非贫困户群体倾斜；要研究民族性格并加以利用，使"连带联动""群学群务"等措施的效果得到验证。

因此，只有当社区居民深度参与到旅游扶贫当中，才能实现物质与精神的双扶贫，让贫困社区人口彻底脱贫。具体来说，应当保证社区居民从资源、劳动力、农旅融合等方面深度参与到旅游发展中。

1.3.3.7　树立服务意识

政府在扶贫的过程中一直处于主导地位，因此当旅游扶贫的开展过程出现任何问题时，政府都应当在第一时间出面解决。当旅游发展到一定的阶段后，社区居民有能力从中获得应有收益时，政府应当放手让企业或社区去经营旅游产业，此时的政府职能就从引导转向监管，在促进分配的公平与正义上面下功夫，从而增强旅游发展的可持续性与扶贫的精准性。

1.3.3.8　加强人才引进

一般来说，"人才"可以分为三类：一是本土能人，即土生土长的本地精英，这类人在当地拥有较高的声望和经济社会地位，相对于普通人拥有较多的资源，如发展乡村旅游所需要的资本；二是返乡人才，这类人通过自我创业、外出打工等方式积累了资本、技术、知识等社会资源，在近几年乡村旅游发展大潮中返乡创业；三是外来创客，以大学生、专业艺术人才、企业、青年创业团队为主要群体，这类人在乡村地区从事旅游创业项目或实践活动，致力于通过先进的理念与技术，创新发展乡村旅游新产品、新业态、新体验。

发展乡村旅游需要高素质的人才来经营与管理。贫困地区村民以及一些村干部往往缺乏相应的技能与能力，只凭借自己的经验和直觉是无法保证该地区持续稳定发展的。当地政府在此时可以举办相应的招聘会，或者直接去高校里面引进专业人才，以推动旅游扶贫的开展；同时，还可以鼓励外出务工人员返乡创业、就业，为旅游扶贫提供各种层次的人才。

2　系统理论

　　旅游精准扶贫是一个复杂的系统，该系统主要由旅游精准扶贫识别、帮扶、管理三个子系统组成，这三个子系统是相互联系和相互作用的。旅游精准扶贫各个子系统的运作中又涉及多种参与主体和多样的旅游资源。如何协调旅游精准扶贫各个子系统、不同主体间的行为，整合旅游精准扶贫资源是一个必然要面对的问题。同时，旅游精准扶贫内部的元素十分复杂多样，也不可能自动实现整合，为此相关部门必须建立起一套管理系统，来科学规划、协调、引导旅游精准扶贫中的各个环节，以确保系统有序持续运行。而脱贫则是旅游业的精准扶贫识别、帮扶、管理三个子系统自主运行和互动融合的结果，代表着旅游精准扶贫系统整合运行的绩效控制。在系统理论的理论框架指引下，旅游精准扶贫系统自主运行和互动融合，以达到脱贫和防止返贫的目的，是该理论的核心作用。

2.1　系统理论概述

　　系统理论是一门研究系统的结构、特点、行为、动态、原则、规律以及各个系统之间相互联系并用数学的方式进行描述的一门新兴学科。系统理论的核心思想就是把相互关联的事物看成一个整体，并以该整体的系统为对象和起点，研究整体和部分中各要素的相互关系，并从结构、功能、行为和动态等方面出发，以此来把握好系统的整体，从而使得整体能够达到最优的状态。

　　系统理论虽然是包含很多类似于数学模型的具体方法，但其又是具备一定的哲学价值的方法论，在拥有一定程度的个性化属性的同时，又同具体的数学方法、物理方法和化学方法相区别。系统理论往往具有普遍意义上的哲学属性，像宗教观、信息观一样，具有世界观和方法论的意义。

2.1.1　思想起源

系统理论最早由理论生物学家 L. V. 贝塔朗菲创立于 1932 年发表的《抗体系统论》中，但到了 1948 年才开始被学术界重视。该理论在 1968 年贝塔朗菲发表专著《一般系统理论基础、发展和应用》后，正式奠定了学术地位。

"系统"一词最早源于希腊语，代表部分构成整体的意思，如今人们在不同的视角下对于"系统"的定义千差万别。一般系统理论重视将各组成系统的共同特征整合在一起，并将"系统"定义为由多个具有相似性特征的成分或要素以一定的结构或状态组合在一起，发挥出特定功能的有机整体。一般系统理论表明了要素与要素、要素与系统、系统与环境三方面的关系。

2.1.2　主要研究内容

系统具有开放性、自组织性、复杂性、整体性、关联性、等级结构性、动态平衡性和时序性等基本特征。这些特征表明系统理论是反映客观规律的科学理论，包含具体的科学方法论，它既可表示概念、观点、模型，又可表示数学方法。

2.1.2.1　核心思想

系统理论的核心思想是每一个系统都是一个独立的有机整体，并且这个整体不是一系列要素的简单组合，而是将各个部分整合在一起，发挥其在孤立状况下没有的性质。简单来说就是"整体大于部分之和"，并不是意味着只要单个构成要素是非常优秀的，那么作为整体的系统就一定是非常优秀的。同时，组成系统的各个要素在系统中也不可能是完全相互独立的，每个要素都在系统中的一个特定的位置发挥着特定的作用，如果这些要素不再依附于整体，那么它们将失去要素的作用。

系统理论要求把研究对象当成一个系统，从系统的整体出发，在要素与要素、要素与系统、系统与环境的相互作用中解释与处理对象的特质和规律。系统理论共有八大原理和五大规律，他们既是系统理论的基本特征、基本原则，也是其思想观点。

2.1.2.2　基本方法

系统的种类繁多，我们可以依据不同的规则来对系统进行分类。比如，从人类对于系统的干预程度来看，可以将系统划分为自然系统和人工系统；从学科的分类来看，可以将系统划分为自然科学系统和人文社会系统；从涵盖范围的宽泛程度来看，可以将系统划分为微观系统和宏观系统；从与外部要素的交流情况来看，可以将系统划分为封闭系统、开放系统和孤立系统等。

系统理论最基本的方法就是将研究对象系统化，从整体的角度出发，聚焦于系统、要素、环境三者之间的相互关联以及运动发展的规律，并从构成要素的结构和功能出发，对系统的整体进行优化。

2.1.2.3 系统理论的任务

系统理论的基础任务是研究系统的各自特点及其运动发展规律，并利用从中获得的发现来控制、管理和改造系统，使其能够按照人类的需求发挥出积极的作用。简而言之，就是要优化调整系统的结构，协调系统中各个组成要素之间的关系，使得系统能够发挥出最大的作用。

2.1.2.4 系统理论的意义

系统理论的提出及发展深刻地改变了人们认识事物和思考问题的思维方式。以往的分析方法主要以笛卡尔奠定的理论为基础，在对问题进行分析与研究的时候，一般把一个事物当作一个系统，然后将其分解成不同的组成部分，并尽量将这些要素简单化，用以说明一些本身复杂的系统和事物。这种方法有些管中窥豹的意思，往往只遵循单项因果决定论。虽然这种方法在过去最为人们所熟悉且行之有效，但是随着科学的进步和社会的发展，遇到的问题越来越复杂，因此这种简单的方法已不再适用于深层次的研究分析。因此，系统理论的思想就应运而生，专门用来解决一些高屋建瓴、纵观全局的问题。因此，系统理论提供了一种新的思路和方法，为人类的思维开拓新路，促进了现代科学的研究与发展。当前系统理论的研究目标就是将各种各样的系统理论统一在一起，并使之相互协调，从而建立起一个统一的系统科学体系。

2.1.2.5 当前研究情况

系统理论目前的研究趋势和特点主要集中于以下几点：①系统理论与越来越多的学科相互渗透、紧密结合，尤其是在一些新兴学科的领域，越来越多地运用到了系统理论的方法；②系统理论和控制论、信息论正逐步融合，并且它是另外两个理论的基础；③系统理论将越来越多的新兴科学理论涵盖在内，不断丰富和发展，现在很有必要将系统理论独立成一门单独的学科；④系统理论展现出的哲学和方法论的思想越来越受到学者们的重视，未来系统理论的思想甚至可以用到人文社科类的研究中。

我国学者林福永（2000）提出和发展了一种新的系统理论，被称为"一般系统结构理论"，这一理论为系统研究提供了更为精确的理论基础。我们对旅游系统进行系统分析的目的，在于获得一些具有高度管理决策意义的最终结果。由于研究对象包括自然学系统和经济学系统，并具有明确的目的性和独特性，旅游综合体的系统结构分析必须综合运用比较法、平衡法、地图法、地图统计法、经济计量法和仿真模拟法等。

2.2　系统理论的基本原理

2.2.1　系统的整体性原理

系统是由无数子系统或要素构成的一个整体，当这些要素重新组合在一起之后，能够产生一些原本自身所不具备的新功能，发生了质变，因此系统的整体性并不是指各个要素的简单相加。

系统的相互作用又可以分为线性相互作用和非线性相互作用，系统之间的相互作用将各要素联系起来，系统中大量的线性相互作用使得系统可以成为一个整体。各要素是可以从整体中单独提取出来的，因此整体的相互作用也可以视为是各个组成要素功能的线性叠加。然而，系统中往往包含一些非线性的相互作用，这些相互作用是最难观察和区分的。在非线性的相互作用中，整体的相互作用不是各要素间相互作用的简单叠加，而是具有矢量的特点，这些非线性相互作用的要素不可能在不影响整体的情况下从整体中被分离出来，这些要素既相互影响又相互制约，每一个部分都影响着整体，同时整体又制约着部分。从大的角度来看，世界的本质就是一个非线性的世界，现实的系统几乎都是非线性的系统。

系统的整体性通常又被解释为系统虽由部分组成，但其性质又超出了组成系统各要素的性质。系统虽然具有整体性，但不等于整体论就可以代表系统理论。整体论虽然在一定程度上摆脱了原子论中存在的一些缺陷，并从整体的角度出发看待问题，但由于很早以前整体的科学水平非常有限，整体论中的整体仅被视为一种抽象的整体，脱离了具体的内容，因此成为一种丢失内容的整体性。长此以往，这种抽象的整体性使一系列伪科学或者非科学诞生与发展，并且又在很大程度上不再鼓励对于对象进行科学研究。

2.2.2　系统的层次性原理

组成系统的要素之间各不相同，如结合方式上就存在非常大的差异，这些差异造成了系统的等级秩序性，最终造成了系统等级间质的差异。层次性原理解释了不同系统间所存在的各种差异。

系统可以由各个要素或子系统组成，同时该系统本身也可能是作为组成另外一个更大的系统的要素或子系统。因此，各个等级间的系统就犹如套箱一样，具有了层次性。客观世界是无限的，因此系统的层次也是无限的。低层次系统逐级组成了越来越高级的系统。高层次系统拥有低层次系统没有的功能和性质，但同时低层次系统又具备一定的独立性。如果一个系统没有了整体性，那么这个系统将不复存在；如果构成要素或子系统没有了独立性，那么系统就如同铁板一样，毫无活力。层次性又是相对的，相对区分的不同层次之间也存在相互联系，并且相互之间会存在作用。当一个系统发生自组织时，系统中的不同要素以及多个不同的部分就会被动员起来，使得系统产生质变，随之进入新的状态。

2.2.3　系统的开放性原理

系统具有不断地与外界环境进行物质、能量、信息交换的特点和功能，系统是在向外界开放并与外界进行不断交流的前提下才得以向上发展的，系统的开放性也是系统保持稳定的条件之一。

事物的发展变化必须要以外因为条件，系统对外部开放以及与外部的交流都为系统的发展提供了相应的条件。同时，内因也同样重要，它是系统发展变化的依据，为了使外因通过内因而起作用，就要依赖于系统与环境以及内因与外因间的联系与作用。如果内因和外因无法相互联系和作用的话，那么对于系统的发展变化仅存在潜在可能性，无法真正发生质变。在一个封闭的系统中，系统与环境没有任何联系，那么内因和外因也就不会存在相互联系和作用了。在现实世界中的系统一般都是开放的，目前还没有发现自然条件下存在的封闭系统。现实中的系统与环境不断联系和相互作用，从而最终促使整个系统发生质量互变。

从层次性的角度来看，系统与环境的作用意味着低层次系统向高层次系统的开放，也可意味着高层次系统向低层次系统的开放，或者说系统向自己内部的开放。系统的开放性既可以是竞争的，也可以是合作的，最终体现在与环境发生的相互作用上。系统在向低层次开放的时候，系统中可能存在非常多的协同作用，由此充分发挥出系统的整体性作用。因此，系统的开放性既有必要对外部开放，也有必要对内部开放，总而言之就是要对外开放，对内搞活。

2.2.4　系统的目的性原理

系统虽然在开放的过程中不断与外界发生着相互关联和作用，但是在一定的范围内并不会或很少受到条件变化或相关经历的影响，总是表现出朝着某种趋势或方向发展，这一特性就是系统的目的性。

系统的目的性是与系统的开放性联系起来的。简单来说，在一般情况下，一个运动的系统必然会是一个开放的系统。系统在开放的情况下会与环境相互作用，并在一定的程度上根据环境的实际情况做出相应的回应、变化和选择，使得自己的潜力得到充分的展现，所谓的目的性也就表现于其中了。

从系统与环境间的线性作用与非线性作用考虑，系统又可以被划分为单因果系统与有目的系统。因果关系是单向的线性关系，所谓的系统也只是孤立单元的单因果系统，并且其与环境之间存在的作用也是线性的，同时系统的内部线性作用为系统与外部环境的线性作用提供了相应的指导，但是系统内部各要素间的相互作用又非常的少，这种系统就构成了简单的线性系统。目的系统存在着大量的与环境间的非线性相互作用，最终表现为复杂的反馈机制的建立，因此系统能够根据环境的变化反馈调节基本相同的输出，这样昔日的发展方向就会保持不变。由系统的内在非线性相互作用所带来的发展变化的确定性，也同样意味着在一定的范围内，无论环境怎么发生变化，系统总是会往一个特定的方向发展，最终出现相同的结果。

2.2.5　系统的突变性原理

系统的突变性指的是通过突然间的失稳，转化为另外一种状态的过程，这种突变事实上也是一种质变。突变具有多样性，因此系统的发展才会丰富多彩。

突变具有普遍性，并且很早就得到人们的关注。当系统的状态发生了改变，也就出现了质变，这在系统科学中被称为"相变"，相变又可以根据其状态的稳定性划分为平衡相变和非平衡相变。平衡相变指的是所形成的新结构是一种死结构，状态非常稳定，除非外部环境发生非常大的变化，否则其状态就会一直维持下去，不会再发生相变了，如结晶体就是一种平衡相变。非平衡相变所形成的结构非常不稳定，这种结构只有在开放系统条件下依靠物质和能量的耗散才能维持其稳定状态，因此是一种活结构。由于环境是不断变化的，系统也是不断运动的，因此系统的相变一般都是非平衡的相变，是一个越发有序，耗散结构、序态以及混沌状态不断发生变化，循环级别越来越高的过程。目前，学者们对于相变的研究主要集中于系统内各要素及系统各层级间的相变。从系统内的各要素来看，相变就是一种涨落，个别要素的结构变异、运动状态出现显著差异等，都可以视为系统的总体平均状态发生了偏离。系统中的要素不平衡是一种固有的状态，突变总是时常发生的。一种差异往往会引发其他要素也跟着发生变化，子系统之间的差异因此会不断地扩大，系统内非平衡性的不断加剧，最终牵一发而动全身，整个系统发生质变。

2.2.6 系统的稳定性原理

开放的系统一般情况下都有一定的自我稳定的能力，可以根据外界发生的变化进行一定的自我调节，以保持相对有序的状态、结构和功能。

系统的稳定性特指的是一种在开放状态下的稳定，系统发展的前提是对外部开放，并与外部的各要素进行交流。除此之外，开放是使"活的"系统持续稳定的前提，也就是说系统的稳定是相对而言的，是一种动态中的"静止"。耗散结构理论强调，系统的稳定性是从与环境的动态交换之中获得的。

系统的稳定性并不是绝对的，而是相对的。在任何的时间或地点，稳定系统中充满着涨落变化，总是存在着不稳定的成分，在很多情况下看上去稳定的系统，其局部很有可能是不稳定的。这些局部的、难以被发现的不稳定因素在一定条件下被放大，最终导致整个系统无法维持原来的稳定状态，使整个系统发生了质变，从而再进入新的稳定状态。系统中的一些看似具有破坏性的不稳定因素在一定的条件下反而会演化成促进发展的积极因素。因此，系统的稳定性指的不是只研究系统稳定的方面，而是在稳定中研究非稳定，充分挖掘系统中存在的矛盾，以此来把握好稳定性的原理。

2.2.7 系统的自组织原理

系统的自组织就是指系统在开放的条件下，内外两方面的因素存在复杂的非线性相互作用，内部中不稳定的要素会发生一定的偏离，从而导致系统内部的不稳定被放大，由此产生范围更大、更强烈的长程相关，但最终会使系统从无序的状态在此进入高级有序的状态。

单纯地将系统中的涨落视为一种不利于因素是不正确的，因为根据系统自组织理论的思想，涨落可以促使系统达到高级有序的状态。首先，涨落是系统进化为更有序状态的一个诱因，如果没有涨落促使系统偏离原来的状态，那么系统就会一直停滞不前。涨落让个别子系统先超越常规，认识到其他新的状态，然后当新的发现得到其他子系统的响应时，涨落就会被放大，系统就被诱导进入新的状态。其次，随机涨落让开放的系统达到了物质、能力和信息方面的非平衡，使系统内部出现了差异，并放大了这一差异。由此可见，涨落本来是一个不稳定的因素，但是在一定的条件之下，又可以变为建设性的因素，诱发系统产生自组织。如果是在系统内部各子系统或要素的线性相互作用下，那么各子系统或要素之间就会缺乏联系与交流，既不能产生合作，又不能形成竞争，因此事实上系统的自组织能实现的根本原因在于系统内部存在的复杂非线性相互作用。说到底，系统其实并不是一个有机的整体，所以只有在非线性的相互作用下，各种相互作用之间才能紧密相连，形成竞争与合作，相互牵制，牵一发而动全身，由此表现出强烈的整体行为。

2.2.8　系统的相似性原理

系统的相似性主要体现在系统的结构和功能上具有同构和同态的性质，同时在存在方式和演化过程中也具有一种有差异的共同性，这是系统统一性的一种表现。系统结构意义上的相似性一般是可见的，功能上的非实体相似性一般是无形的，如系统规律、思维活动以及关系等的相似性，都属于无形意义上的相似性。

系统的相似性是各种系统理论建立的基础，如果没有这种相似性，那么就不会存在具有普遍性的系统理论，系统具有这种相似性的最根本原因就在于世界物质的统一性。系统的相似性既可以是存在方式的相似性，也可以是演化方式的相似性。其中，系统过程的相似性指的就是演化方式的相似性。具体而言，这一演化全过程体现了从混沌到有序，再从有序到混沌的相似性；而演化的每一个相对完整的阶段，即从一种有序到另一种有序，也表现出相似性。系统理论致力于寻找系统的一般性，这种相似性恰好与这种一般性保持一致。但是，这种相似性又不能替代系统的特殊性，因为虽然系统之间的差异是绝对的，这种相似性只不过是相对的而已，并且是在一定的条件下才成立的。

2.3　旅游系统理论

从系统理论的观点出发，我们应该将旅游作为一个整体来看待，也就是说旅游本身就是一个有机的系统。当游客在进行旅游活动的时候，旅游系统就可以将各相互影响和作用的要素联系起来，形成一个有机整体，从而发挥出旅游的最大价值。与此同时，系统理论还为旅游规划、开发提供了相应的方法论。对于旅游系统理论的研究最早开始于 20 世纪 70 年代，对该理论做出巨大贡献的三个专家学者分别为旅游规划专家甘恩、地理学家 B. C. 和雷帕，这三个人各自的研究成果都为旅游系统理论的发展打下了坚实的基础。其中，B. C. 在 1972 年最早提出了"地域旅游系统"的概念，这一概念的核心就是将旅游产业看作自然与经济相联结的一个有机系统，该系统中包含了旅游资源、旅游者等子系统，成分比较繁杂。在同一年，甘恩也提出了"旅游系统"的概念，将整个旅游系统划分为供给和需求两大模块，并构建起旅游功能系统模型。在7年后，雷帕建立了旅游地理系统模型，并在1990年对其进行修正，认为旅游系统是客源地和目的地的组合，且由旅游通道相连接。该模型在旅游功能系统模型的基础上加入了旅游空间结构，他专注于旅游空间结构和旅游供求来进行研究。1996年，美国学者Z. H. Liu提出了三圈层旅游系统理论和环境结构模型，指出三圈层由内部环境、运作环境和宏观环境构成，还提出了环境是旅游发展的基础，并进一步发展了旅游系统理论。美国学者Me Kercher于1999年提出将概念性旅游系统模型作为旅游系统的一个研究方向，这个模型的理论基础来源于混沌和复杂性理论，他将旅游系统划分为旅游者、信息向量、影响沟通效率的因素、目的地、外部旅游主体、旅游内部影响因素、旅游外部影响因素、系统输出、混沌制造者九大要素，继而提出了旅游系统本身是以非线性的方式运行的，因此它是一个复杂的系统，并具有混沌的特点。

国内的学者也对旅游系统进行过大量研究，并结合国外学者近些年的研究成果，对一些模型进行了修正或提出了全新的模型。最早将系统理论运用于旅游学领域的是刘人怀（1986），他提出了"旅游工程学"的概念。旅游工程学的核心思想就是利用系统工程对旅游系统中的各类要素、结构、信息和反馈等进行一系列综合性的分析、设计、实验和实施，从而实现旅游系统整体效益的最大化。陈安泽（2002）在甘恩的供给和需求模块的基础上，将旅游供给系统划分为了旅游地域、服务、教育和商品系统四大子系统。吴必虎等（1996）基于高斯模型，提出了一个包含目标客源市场系统、目的地系统、出行系统和支持系统的旅游系统模型。随后，杨新军等（1998）对甘恩模型进行了进一步的丰富与发展，将宣传促销子系统纳入其中，然后再对其余的部分做出了一定的修正，形成了一个新的模型。其核心观点是旅游目的地的规划和开发必须从游客的需求出发，提供可以充分满足游客需求的高质量旅游产品。王庆生等（2005）进一步完善了地域旅游系统，认为旅游吸引物、旅游技术保障、旅游市场组织和旅游管理机构是组成地域旅游系统的子系统。王迪云（2006）将旅游耗散结构系统模型（TDSS）运用在系统与组成要素或子系统之间相互关系的研究之中，认为各个组成的子系统之间、各个组成要素之间都不存在相互的关联性。

纵观中外学者在旅游系统理论方面的研究成果可以发现，其内容基本相同，并且随着研究的不断深入，功能、地域和空间三大系统已经开始相融合，并不断向其中添加新的考虑因素，整个系统包含的内容越来越多，结构越来越复杂。

旅游系统理论的思想主要是着重强调各类组成要素或子系统之间的相互协同作用。根据旅游系统理论的思想，旅游目的地的规划、开发和运营是一项复杂的系统工程，应当综合起来考虑，而不是相互隔离开来单独规划。因此，在旅游开发过程中相关部门要做到统筹兼顾和全盘规划，合理地分配资源，处理好旅游系统整体和各要素、周边环境的关系，构建以服务游客为核心的旅游发展新模式。

2.4　系统理论在防止返贫中的指导作用

返贫问题是阻碍扶贫工作的一大障碍，是关系国计民生的重要事业，返贫问题不仅关系到千家万户的生活水平、生活质量，而且与社会的进步、国家的稳定及发展息息相关。系统理论强调统一性和整体性，一方面返贫只是国家发展道路上的一个方面的问题，是诸多问题中的一个，即使这样，我们也不能有丝毫的轻视和放松，所有的大问题都是由这样的一个个小问题积攒而来的，所以要处理好当前的返贫问题，才能推动整体的发展；另一方面，我们要用整体的观点来看问题，注重整体与部分之间的联系，将返贫治理与国家综合治理以及国家的繁荣兴盛联系起来，做到"统筹兼顾、纵览全局"。因此，我们要利用系统理论的观点来看问题，利用系统理论的思想来剖析我国的返贫问题，提高我国返贫综合治理水平。

3　利益相关者理论

旅游扶贫是实现贫困地区、贫困人口脱贫的重要抓手，同时也是一项十分复杂化的民生工程。其工作的开展和推进将涉及众多的利益相关者，如社区居民、游客、当地政府等，一旦这些利益相关者的诉求在旅游扶贫工作开展中得不到有效的实现，那么在扶贫过程中可能会产生不利影响，激化多方矛盾，无法实现有效的旅游扶贫绩效。这样的问题已经受到学术界的广泛关注，研究人员发现，企业理论之一的利益相关者理论可以为旅游扶贫提供相应理论支撑。因此，本书将利益相关者理论作为旅游扶贫的主体理论之一，以期防反贫工作者在解决利益相关者问题时有相应的理论基础。

3.1　利益相关者理论研究

20 世纪 60 年代左右，利益相关者理论（stakeholder theory）在英国、美国等发达国家中伴随着股东至上理论的弊端和局限性应运而生。传统的股东至上理论强调的是实现股东利益的最大化，而利益相关者理论的出现迫使股东至上理论受到了强烈的挑战，其核心思想在于企业的运营发展不仅与股东有密切联系，顾客、广告商、雇员、媒体等个体或者群体组织也能够影响企业的发展，企业应实现所有利益相关者的利益。自此，利益相关者理论迅速发展，其研究范围不断扩大、研究内涵不断深入，并推动了企业在实践中的管理模式的转变。由此可见，利益相关者理论是基于学术界的研究和企业界的实践而发展的。本章将对利益相关者的定义、分类以及利益相关者理论在旅游方面的运用进行回顾，把握利益相关者理论的本质，从利益相关者这一传统的企业理论中汲取相关思想延伸至旅游扶贫的理论，为四川省防反贫工作给予理论滋养。

3.1.1　利益相关者的定义

实际上，"利益相关者"一词可以追本溯源到 20 世纪 20 年代末期，是美国通用电气公司的一位时任经理在进行就职演说时提出的。首次给利益相关者下定义的是美国斯坦福大学研究小组，20 世纪 60 年代美国放映了一出名为"股东"（stakeholder）的戏，斯坦福大学研究人员倍受启发并利用"利益相关者"（stakeholder）与之相对应。研究人员指出，利益相关者的定义是关乎于企业生存与否的个体或群体，如果没有它们的支撑，企业就无法继续生存。虽然这一定义与现在的"利益相关者"相比有一定的局限性，譬如它只提到了利益相关者在某一方面对企业有影响，但是它始终让企业意识到，企业不再只是为股东服务，还关系到其他利益主体。

瑞典的研究人员瑞安曼（Eric Rhenman，1964）将其国家的工业民主化和利益相关者理论联系起来并在实践中进行检验，提出了一个较为完整的概念：利益相关者利用他们和企业的关系来帮助其实现自身的目标，而企业也依托利益相关者使自己维持生存。瑞安曼对利益相关者的定义比斯坦福大学给出的定义更加深化，并将单边关系扩展为双向利益。

美国的研究者安索夫（Ansoff，1965）第一个将"利益相关者"正式引入学术界中进行研究，他指出为了制定易于实现的企业目标，企业的许多利益相关者之间的冲突必须被全面平衡并加以考虑。

20 世纪 70 年代，西方学者和商界逐渐接受利益相关者这一理论。1977 年，美国宾夕法尼亚大学沃顿商学院开设了一个"利益相关者管理"课程，课程目的是形成利益相关者理论的初步构架，并将其运用于企业的管理实践中。

到了 20 世纪 80 年代，才出现了至今为止较为有代表性的一个利益相关者的定义。美国学者弗里曼出版了《战略管理：利益相关者管理的分析方法》这一先锋之作。在这本书中，弗里曼阐述了利益相关者的定义，这一定义认为，凡是在组织目标实现过程中被影响以及能够影响组织目标实现的个体或者群体，就是利益相关者。这一定义将利益相关者的范围做了进一步延伸，正式将当地政府、社区居民以及相关的政治、经济、社会文化因素等包含其中，这一定义也成为最经典的一个定义。

克拉克森（1994）认为，利益相关者是指已经在企业投资了某些物质资本、人力资本、金融资本或其他有价值的东西，从而承担某种形式的风险的组织或个人；或因经营活动而承担风险的组织或个人。克拉克森对利益相关者的定义更加细化，引入了专用性投资的概念，但从这个定义来看有一些个人或者群体便被排除在利益相关者之外了。

国内研究中，贾生华和陈宏辉（2002）的研究是利益相关者定义研究的代表。两位学者认为，利益相关者能够影响企业目标的实现或受企业目标实现过程的影响，它是在企业中进行了一些专用性投资同时承担了相应风险的个体和群体。这一定义既强调了利益相关者与企业密不可分，又体现了专用性投资，比克拉克森所定义的利益相关者更加全面、详细。然而，这一表述将自然环境排除在利益相关者的范围之外，从进行专用性投资这一方面来看，自然环境无法实现，因此不能成为企业中的利益相关者。赵红（2004）对此有不同的见解，她认为自然环境、社区等主体对企业进行了特殊的专用性投资，如当企业雇员在上下班途中身处一个十分舒适的自然环境时，舒畅心情和工作效率的提高就是自然环境对企业的专用性投资。胡赤弟（2010）认为，利益相关者可以分解为"利益"和"相关者"，"利益"代表利益相关者的质规定性，而"相关性"代表利益相关者的量或程度规定性，两者缺一不可。张国强（2014）认为，教育政策对"利益相关者"的界定尤为特殊，不同的教育政策所分配的利益的范围就不同，所涉及的利益相关者也有区别。这不仅包括中央—地方、政府—教育行政部门、教育行政部门—学校、学校—教师—学生—家长之间的利益关系，还会涉及教育行政部门—企业等社会力量、学校—学校、地区—地区以及各级各类教育行政部门之间的利益关系；不仅包括全局利益和局部利益，还包括大量的部门利益和个人利益；不仅有直接利益相关者，还有大量的间接利益相关者。

本书通过查阅大量文献，归纳总结了以上较为有代表性的利益相关者的定义，但要明确地解释"究竟谁是企业的利益相关者"并非易事。从利益相关者理论的出现到迅速发展，国内外学术界的众多研究人员都基于不同的视角给出了不同的利益相关者的定义。20 世纪 90 年代末期，米切尔和伍德两位学者还总结了自 1963 年斯坦福大学研究小组首次给出利益相关者的定义开始，持续到 1997 年这个时间中，西方的研究者们前前后后指出的 27 种较为有代表性的利益相关者的定义，这足以见得学术界对利益相关者定义的研究产物颇多。

3.1.2　利益相关者的分类

了解了上述对利益相关者的定义后，并不意味着我们就能对利益相关者理解透彻了。企业的利益相关者包括股东、企业员工、债权人、供应商、零售商、顾客、竞争对手、地方及中央政府、社会活动团体、媒体等。西方的研究者发现，在对利益相关者的定义进行实证研究及应用推广时困难重重，无法切实可行。正如我国学者陈宏辉（2003）所言，仅把公司的所有利益相关者作为一个统一的整体来研究，很难得出一个可信的结论。因此，在利益相关者定义研究之后，我们还需要借助一些指标或者分析的维度，对企业的利益相关者进行分类。那么，采用什么方法对企业的利益相关者进行细分呢？笔者通过梳理现有文献得知，西方的研究者早已在利益相关者的分类研究中得出了丰硕的成果。目前，研究者普遍采用两种方法对企业的利益相关者进行分类，即多维细分法和米切尔评分法。

3.1.2.1 多维细分法

20世纪90年代中期，国内外学者普遍使用多维细分法对企业中的利益相关者进行分类，笔者总结了五种较为有代表性的分类方法，其代表人物分别是弗里曼（Freeman）、弗雷德里克（Frederick）、查克汉姆（Charkam）、克拉克森（Charkson）和威勒（Wheeler）。

弗里曼（Freeman）发现企业中利益相关者众多，而不同的利益相关者由于其所持有的资源不同对企业的影响也不一样。他分别基于所有权、经济依赖性和社会利益三个标准对利益相关者进行了划分：①从所有权角度来看，利益相关者是指持有企业股权的这一部分人，如持有股权的董事、经理人员等；②从经济依赖性角度来看，利益相关者包括与企业存在着经济联系的个体或组织，如企业雇员、企业的顾客、管理组织、供应商等；③从社会利益角度来看，利益相关者涵盖了地方政府、中央政府和社会媒体等。

弗雷德里克（Frederick）认为，确定利益相关者的标准是个体或群体是否与市场发生了交易关系，利益相关者分为直接利益相关者和间接利益相关者。前者是指与企业直接产生了经济交易的利益相关者，包括股东、企业雇员、顾客、供应商等个体或组织；后者则是指没有直接与企业产生经济交易的利益相关者，有国内政府、外国政府、社会团体、公众媒体、普通公众等。弗雷德里克对于利益相关者的分类如图3-1所示。

查克汉姆（Charkam）将利益相关者划分为契约型利益相关者和公众型利益相关者，其划分依据则是利益相关者是否与企业之间存在着合同关系，股东、企业雇员、供应商属于契约型利益相关者，消费者则被划分为了公众型消费者，此外政府、媒体组织等也包含在内。

克拉克森（Charkson）分别于1994年和1995年提出了两种不同的利益相关者分类方法。克拉克森提出的第一种方法是根据个体或组织分担企业风险的方式不同分为自愿型利益相关者和非自愿型利益相关者两类。自愿型利益相关者是指积极向企业投入实物资本或人力资本的个人或团体，他们自愿承担企业经营活动中的风险对自己的影响；非自愿型利益相关者是指因企业或者集团的活动而被动承担风险的个人或组织。换句话说，克拉克森认为利益相关者就是"企业中承担不同类型风险的个人或团体"。克拉克森提出的第二种方法是根据企业与利益相关者的关系程度划分成重要和次要的利益相关者。重要的利益相关者是指能够影响企业生存与否的个人或群体，可以说若没有这些重要的利益相关者，企业无法生存；次要的利益相关者是指他们不会直接对企业存亡产生重要影响，但是在企业的运营管理中，他们有着间接的影响作用。

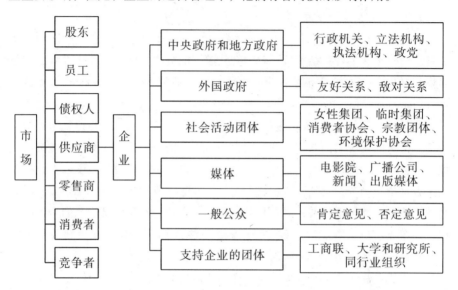

图 3-1　弗雷德里克对于利益相关者的分类

资料来源：FREDERICK W C. Business and society, corporate strategy, public policy, ethics (6[th]ed.)［J］. McGraw-Hill Book Co, 1988：82.

威勒（Wheeler）在对利益相关者确认划分标准时主要引入了社会性维度，他认为有的利益相关者是具有社会特性的，而有的利益相关者则不具备这样的特性。具有社会特性的利益相关者通过人的参与和企业有直接的关系，而有些利益相关者是非社会化的，也就是说他们并不是通过"实际存在的人"与企业联系在一起的，如自然环境、人类后裔、非人类物种等。威勒基于这样的视角，将利益相关者分为四类：①主要社会性利益相关者，他们通过人员的参与同企业直接接触，包括股权持有者和投资者、员工和经理、客户、当地社区、供应商和其他商业伙伴等，这部分群体涉及具有社会特性的人；②次要社会性利益相关者，他们可能对公司产生影响，尤其是在名誉和公信力方面，但这种影响不是直接形成的，他们通过社会活动与公司形成了间接的关系，包括社区居民、行政机关、工会团体、行业团体、竞争者等；③主要非社会性利益相关者，这类利益相关者对公司有直接的影响，但与实际的人无关，如自然环境、非人类物种、人类后裔等；④次要非社会性利益相关者，他们不和实际的人有

关系，对企业的影响也是间接性的。威勒对于利益相关者的分类如图 3-2
所示。

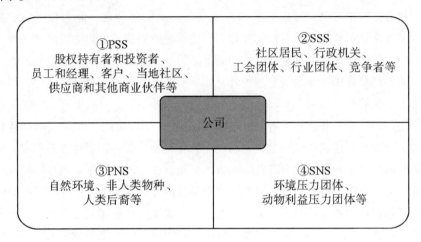

注：①PSS 表示主要社会性利益相关者；②SSS 表示次要社会性利益相关者；③PNS
表示主要非社会性利益相关者；④SNS 表示次要非社会性利益相关者。

图 3-2　威勒对于利益相关者的分类

资料来源：WHEELER, MARIA. Including the stakeholders: the business case［J］.
Long Range Planning, 1998, 31（2）: 201-210；威勒，西兰琶. 利益相关者公司：利
益相关者价值最大化之蓝图［M］. 张丽华，译. 北京：经济管理出版社，2002：9.

3.1.2.2　米切尔评分法

显然，上述多维细分法的理念能够极大地加深人们对企业利益相关者的认
识，然而这些方法在实际操作中普遍寸步难行，缺乏实用性。20 世纪 90 年代
末期，美国研究者米切尔（Mitchell）和伍德（Wood）提出了新的评分方法，
目的是对利益相关者进行分类，被称为米切尔评分法。米切尔评分法简单，可
操作性强，受到了学术界和企业界的青睐和重视。

米切尔评分法提出，区分利益相关者有两个关键性的问题需要明确：第一
个问题是明确谁是利益相关者，即确定利益相关者的身份；第二个问题是利益
相关者的特征有哪些。米切尔和伍德建议从合理性、权力性、紧迫性三个方面
对可能存在的利益相关者进行打分，然后通过得分高低的结果为依据来判断个
人或群体是否为企业的利益相关者，以及是哪种类型的利益相关者。合理性是
指个体或者群体有权在企业中拥有合理利益。如股权持有者、企业顾客和企业
雇员与企业有密切关系，他们有合理的要求来保护自己的权益，在企业中主张

权利，这意味着这些利益相关者的要求更加合理合法；而社会群体、竞争对手等利益相关者与企业的关系并不紧密，他们的一些要求会被认为是低合理性的。权力性是指某个个体或组织具有参与公司决策的身份、能力和相应的途径。紧迫性是指利益相关者群体能够立即使得企业注意到他们的需求。

两位学者认为，相关利益群体的确定必须要满足以上三个方面中的任意一个，才能都被看作企业的利益相关者，如果不能满足这样一个限定条件，则不能成为企业的利益相关者。评分者结合企业的具体情况，对以上三个方面进行评分之后，企业的利益相关者还可以由此进行进一步的细分，即确定型利益相关者、预期型利益相关者和潜在型利益相关者三类。①确定型利益相关者。他们同时满足对企业问题的合理性、权力性和紧迫性，出于对企业生存与发展的因素考虑，企业不得不高度重视并努力满足这部分利益相关者的诉求。典型的确定型利益相关者包括股东、员工和客户。②预期型利益相关者。他们与企业保持一定的关系，并具有以上三个属性中的其中两个。此类利益相关者具有以下三种情况：第一，同时具有合理性和权力性两个属性的群体，他们想要受到企业管理者的关注，这样的诉求往往能够实现，在某些情况下预期型利益相关者将会正式参与企业的一些重要决策中，这些群体包括投资者、员工和政府机构；第二，公司有一些同时满足合理性和紧迫性的群体，但缺乏相应的权力来推动目的达成，他们需要赢得另一个更强大的利益相关者的支持来完成目标，他们一般采取的做法是组建联盟，参与政治活动，以及呼吁管理者的良心等社会活动；第三，有些群体满足紧迫性和权力性，但却没有合理性，这部分群体的存在不利于企业的生存和发展，他们经常使用暴力的方式来达成目标，如员工发起的罢工活动、环保主义者举行的抗议活动，政治和宗教极端分子甚至会发动恐怖主义活动。③潜在型利益相关者。他们只满足合理性、权力性、紧迫性其中的一项，对于那些存在合理性但缺乏权力性和紧迫性的群体，企业将根据自身的实际运营情况决定如何发挥其影响力；只有权力性但没有合理性和紧迫性的群体处于一种潜伏状态，但当他们的权力被激活，或者当其权力受到挑战时，他们将作为利益相关者被关注；只有紧迫性但缺乏合理性和权力性的群体，在米切尔看来他们就像一只蚊子在经理人员耳中嘶嘶作响，这让人觉得不舒服，其地位无足轻重，麻烦又多，无须特别关注。

图3-3展示了米切尔和伍德两位学者利用提出的评分法对利益相关者进行分类的结果。其中，⑦是确定型利益相关者，④⑤⑥是预期型利益相关者，①②③是潜在型利益相关者，而⑧不是利益相关者，因为其不满足合理性、权力性和紧迫性三个属性中的任何一个属性。

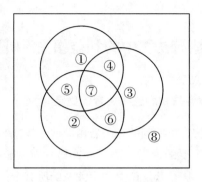

图 3-3　米切尔评分法对利益相关者的分类

资料来源: MITCHELL A, WOOD D. Toward a theory of stakeholder identifi-
cation and salience: Defining the principle of who and what really counts [J]. A-
cademy of Management Review, 1997, 22 (4): 853-886.

　　米切尔评分法的独特之处在于它将利益相关者及其构成视为动态变化。任
何个人或群体利益相关者都可以在企业发展的不同阶段获得或丢掉某些属性,
然后从一种利益相关者转变为另一种利益相关者。米切尔评分法提高了利益相
关者定义的可操作性,促进了利益相关者理论的实际应用。众多研究者根据所
研究企业的具体情况,采用该方法对企业的相关群体进行评分,为企业管理决
策提供了有价值的参考依据。

　　随着利益相关者理论的不断发展, 20 世纪 80 年代,企业理论中的利益相
关者理论正式被引入旅游业中。旅游领域内的相关学者主要将研究方向聚焦在
了旅游利益相关者的概念界定、分类以及分析旅游利益相关者的诉求、冲突与
协作上。1999 年,世界旅游组织(UNWTO)在其发表的《全球旅游伦理指
南》中明确使用了"利益相关者"一词,并针对不同利益相关者在旅游发展
中的行为提出了参考标准。此后,利益相关者作为一个重要的理论指导被广泛
地运用于旅游的实践中,被认为是助推旅游可持续发展的有效途径。

　　国内研究中,张广瑞(2000)最先投入旅游利益相关者理论的研究。近
年来,李艳慧(2016)从利益相关者主体界定、感知维度等方面构建了自然
保护区环境政策可持续性感知机制;张帅(2017)借助旅游景区利益相关者
的理论对青海旅游景区核心利益相关者进行了界定。随着利益相关者理论在旅
游方面的不断应用,学者们也将其和旅游扶贫联系在了一起,在旅游扶贫这项
民生工程中,如何运用利益相关者理论助力旅游扶贫,不仅是利益相关者理论
的扩展和加深,也能给旅游扶贫工作带来积极的作用。

3.2 四川省旅游扶贫中的利益相关者研究

3.2.1 四川省旅游扶贫利益相关者的确定

明确四川省旅游扶贫中的利益相关者由哪些个体或组织构成，是在具体的扶贫工作中一个非常重要的参考。唐博（2013）对旅游扶贫利益相关者进行了定义，他认为和旅游扶贫开发产生一定关系的所有个体、组织或群体都是旅游扶贫利益相关者，也包括被旅游扶贫直接影响或者间接影响的相关群体。根据这个定义，四川省旅游扶贫利益相关者包括政府部门、社区居民、旅游者、旅游企业、非政府组织、旅游专家学者六大类。

（1）政府部门：①中央政府及四川省各级政府；②旅游、扶贫、交通、农业等行政管理部门。

（2）社区居民：①当地原著居民；②从事旅游经营活动的相关人员。

（3）旅游者：①本地旅游者；②外地旅游者。

（4）旅游企业：与旅游经营活动相关的旅游企业，如旅游交通公司、旅行社、酒店、饭店等。

（5）非政府组织：媒体组织、相关旅游行业协会、环境保护组织、规划设计单位等。

（6）旅游专家学者：科学研究者、规划设计师等。

3.2.2 四川省旅游扶贫中利益相关者的分类

笔者已在上述内容中对具有代表性的利益相关者分类方法进行了理论回顾，本书将参照米切尔评分法对四川省旅游扶贫进行利益相关者分类（见表 3-1）。

表 3-1 四川省旅游扶贫利益相关者分类

利益相关者	合理性	权力性	紧迫性	利益相关者类型
政府部门	√	√	√	确定型
社区居民	√	√	√	确定型
旅游者	√	√	√	确定型
旅游企业	√	√	√	确定型
非政府组织	—	√	√	预期型
旅游专家学者	—	√	—	潜在型

由表3-1可知，将四川省旅游扶贫利益相关者按照合理性、权力性、紧迫性三个属性进行评分后，我们明确了利益相关者的类型。其中，政府部门、社区居民、旅游者、旅游企业为确定型利益相关者；非政府组织为预期型利益相关者；旅游专家学者为潜在型利益相关者。因此在四川省旅游扶贫利益相关者诉求分析中应着重考虑确定型利益相关者的诉求，暂不考虑其他两种类型。

3.2.3 四川省旅游扶贫中利益相关者的角色定位和利益诉求

3.2.3.1 政府部门——主导者、监管者、调控者

这里的政府部门是指中央政府及四川省各级政府以及旅游、扶贫、交通、农业等行政管理部门。由于旅游扶贫开发中还有社区居民、旅游者和旅游企业者这三类利益相关者，而这些利益相关者之间几乎无法做到自行协调处理问题，因此具有权威性、公信力的政府部门需要介入他们之间进行协调处理。作为旅游扶贫的确定型利益相关者之一，政府部门的角色定位是主导者、监管者和调控者。首先，政府需要根据当前旅游扶贫问题制定切实有效的旅游扶贫政策、法律法规等文件，以引导旅游扶贫工作的开展；其次，政府部门需要监管其他利益相关者的行为是否合理规范，保障社区居民的切身利益，引导市场有序发展，保障旅游者权益；最后，当利益相关者出现冲突、矛盾时，政府部门应调控当前局面，避免损失。

政府部门的利益诉求主要有经济利益、社会利益和环境利益三个方面。旅游扶贫开发的本质目的是实现贫困地区、贫困人口的财政双脱贫，政府部门关注当地经济持续快速发展、就业率的增加、社会秩序稳定和生态环境的保护等。

3.2.3.2 社区居民——参与者、承受者

社区居民包括当地原著居民和从事旅游经营活动的相关人员。一方面，他们是旅游扶贫开发的直接参与者，提供人力、物力、财力等要素；另一方面，他们可以获得就业机会，但同时承受旅游开发带来的社会环境、生态环境的破坏。

社区居民的利益诉求有以下几个方面：一是社会文化利益方面的利益诉求。社区居民意识到自身职业技能、文化素养有所不足，期待可以获得职业技能培训和受教育的机会，同时希望切身参与本地的旅游扶贫开发活动，享有知情权和参与权。二是经济方面的利益诉求。他们希望有更多的就业岗位以及合适的薪资待遇，同时能够增加收入水平，以改善家庭生活现状。三是环境方面的利益诉求。他们希望当地社会环境和谐、稳定，生态环境不会因为旅游开发

而有所破坏。

3.2.3.3　旅游者——消费者、体验者

旅游者是旅游扶贫开发中的消费者和体验者。旅游者愿意到四川省旅游是四川旅游扶贫的生命线，他们通过到旅游目的地进行旅游活动收获主观上的旅游体验。我们通常采用游客满意度对旅游者的旅游体验进行量化处理，而满意度的结果是旅游扶贫开发效果的重要衡量尺度。

旅游者的利益诉求与政府部门、社区居民、旅游企业大不相同，旅游者需要的是愉悦的旅游体验，而对这些体验的评价围绕当地居民的态度、基础设施和服务设施的便利情况、生态环境是否良好等因素进行。

3.2.3.4　旅游企业——生产者、服务者

旅游企业是指与旅游经营活动相关的旅游企业，如旅游交通公司、旅行社、酒店、饭店等。旅游企业具有生产和服务连续性、同一性的特点，因此在旅游扶贫开发者中扮演着生产者和服务者的角色。常见的旅游企业有两大类：一是由政府部门招商引资的旅游企业；二是由社区居民独自经营或合股经营的旅游企业。具有经营性质的企业追求的根本利益是盈利。

4　社区参与理论

　　20 世纪 50 年代，西方学界拉开了社区参与理论的序幕，社区参与理论在人类漫长的历史长河中扮演着一个崭新的角色。社区参与作为当今社会一个全新的概念，虽然进入社会学领域的时间较短，但却有着广泛的实际应用和广阔的发展空间。不管是在城市社区、乡村社区还是旅游社区，只要是有社区存在的地方，社区参与理论就能够很好地发挥其作用和自身价值，促进社区的可持续性发展。

　　社区参与理论对旅游扶贫工作具有重要的指导意义，社区参与旅游是实现旅游扶贫目标的有效途径。许多欠发达地区把旅游扶贫作为脱贫攻坚的妙方，而我国其他地方的旅游扶贫实践也表明，社区参与是帮助贫困人口脱贫和发展的重要举措。通过社区参与，不仅可以增加贫困地区人口的收入和就业机会，还能为旅游者呈现原汁原味的传统文化，从而为实现旅游扶贫目标提供重要途径和内在驱动力。此外，贫困社区居民在参与旅游发展的过程中会意识到社区自然与文化资源的旅游价值，有利于旅游资源和环境的保护，推动贫困社区旅游业的可持续发展，为旅游扶贫提供坚实的保障。

4.1　社区与社区参与

4.1.1　社区的概况

4.1.1.1　社区的来源

　　"社区"（community）一词来源于拉丁语，有共同、团体的含义。1887 年，德国社会学家腾尼斯（Tonnies）在 *Community and Society*（社区与社会）一书中首次提出"社区"这一全新的概念，他认为社区（共同体）是基于亲族血缘关系，以自然意志为基础、以风俗信仰为联结的社会关系网络。这一概念一经提出，便在学术界受到了广泛的关注，并掀起一股研究热潮。国外学者们在社区参与的理论研究和实证研究方面有了较为深入和全面的探索，至今已经积累了较为丰硕的研究成果。国内的社区理论大部分都来源于对国外的借鉴，20世纪30年代，"社区"概念才被费孝通先生引入中国。

4.1.1.2　社区的定义

虽然社区概念的提出时间较早，对社区领域的研究也取得了较为丰富的理论成果，但"社区"一词始终没有一个统一、清晰、明确的定义。根据著名的社会学家杨庆坤教授的统计：在20世纪80年代，对"社区"这一词的定义已经多达140余种。

1963年，美国社会学研究的代表人物帕克（Park）最早给出"社区"的定义，他认为社区的本质特征有3个：①有一群按地域或区域组织起来的人口；②这些人口或多或少地与他们世代扎根、赖以生存的土地有着较为密切的关系；③社区中的每一个人都生活在相互依存的关系之中。

《麦夸里词典》中对"社区"的描述是：社区是指其成员拥有集体居住的特定地点、共同的政府部门和一定的历史文化传承的规模不一的社会团体。

我国学者徐永祥（2006）在借鉴其他学者的基础上提出了社区的定义，他认为社区是指以地域、人口、组织结构和文化为基本构成要素，在一定的地域空间内，由一定数量的居民组成，具有内在的互动关系和文化维系力的生活共同体。

"社区"这一概念看似形式简单，但实则内涵深刻，由于每个人的阅历认识、学科背景、研究角度和关注重点等的不同，必然会对同一事物有着不同的看法和理解，"社区"这一概念的定义难免繁杂不一。另外，不同地域和人文环境下的社区也有很大的差异，所以社区的定义也会存在较大的变化。就目前学术界对"社区"一词的定义来看，基本上是围绕社区的功能和空间结构来阐述的。本书则将从旅游学的角度，关注并探讨"旅游社区"的含义。

4.1.1.3　旅游社区

本书中所讨论的社区是指具有一定的旅游资源禀赋，以村级行政单位为主体的社区，即旅游社区。"旅游社区"是"社区"的一种特殊形式，既具有社区的基本属性，也具有旅游的一般规律。

（1）旅游社区的含义

从旅游学的角度来说，旅游社区是指以一定的旅游资源（包括现有的和潜在的）为依托，以共同生活的地域空间为基础，以稳固的心理和文化因素为特征，由拥有共同利益并作为主体参与社区旅游发展的人群所组成的共同体，具有资源属性和社会经济功能。

（2）旅游社区的特征

在社区的大概念下，旅游社区的主要特征可以大致概括为以下几点：①旅游社区具有一定的地域空间；②地域内拥有一定的自然或人文旅游资源；③具有一定的生活服务基础设施和基层行政组织机构；④由具有共同文化维系力和共同利益的群体及其日常活动的区域所组成的系统综合体。

4.1.2 社区参与

对社区本身而言，它并不是由单一的、无差别的个体组成的，而是由形色各异却拥有共同利益的人群组织起来的一个整体，在其自身内部也存在着许多的亚群体，这些亚群体是社区的重要组成部分，如何将它们也纳入社区的决策层面来呢？政治学家和社会学家提出的"参与"理念很好地解决了这一难题，既能维护社区的整体利益，又能尽量满足亚群体各自的特色需求，从而保证社区的可持续发展。

4.1.2.1 社区参与的概念

社区参与作为公众参与的一种重要表现形式，一直被视为西方民主社会自治的核心要素。"社区参与"是社会学中的一个重要概念，威尔·保罗给出的"社区参与"概念被大众普遍接受，他认为社区参与是指受益者通过积极主动的参与过程，从而对发展计划的实施方向和执行情况加以影响，且并不只是得益于参与本身。

中国部分学者在借鉴西方社区参与理论的基础上，结合中国自身的实际情况提出了"社区参与"的概念：社区参与在浅层次上是指社区要作为主体参与到社区的治理和发展中，在深层次上更是指社区居民能够自觉自愿地参与社区公益活动和公共事务的过程和行为。这种公众参与既能够让每位居民为谋求社区的共同利益而贡献自己的力量，同时也能代表社区居民对社区治理和社区发展的责任分担和成果共享。

从以上表达可以看出，社区参与是一种通过主动表达而实现权益性主张的行为，而且这种表达所实现的并不是个人的利益，而是社区整体范围内的公共利益。总之，社区参与就是受益人通过积极、主动、自愿的方式来影响发展项目实施和方向的一种过程。

4.1.2.2 社区发展与社区参与

"社区参与"概念的提出源自社区发展。1915年，美国社会学家F.法林顿首次提出了"社区发展"的概念，他认为，社区发展是指为实现社区经济发展、社会整体进步的目的，社区居民内部自发自觉参与并充分发挥创造力的过程。"社区发展"的概念一经提出便成了全球关注的一个热点课题，并凭借其科学的发展观念被联合国倡导和推广。

1960 年，联合国进一步解释和说明了"社区发展"的概念，认为社区发展是一种社区人民在自我努力的基础上，积极与当地政府配合，从而改善社区社会、经济、文化等环境的过程。这个概念与 F. 法林顿的观点的不同之处在于，其重点强调了政府的作用，指出社区发展这个过程中需要人与政府相互配合。也因此，社区发展理论被很多发展中国家和发达国家认可并接受，使其在很大范围内被应用。

后来，"社区发展"的概念逐渐延展到社区参与发展、社区参与等，并得到了广泛应用。正如"社区发展"或"社区参与"的概念所言，这是一个主动参与、主动表达的过程。而我国大力推广的乡村旅游扶贫正是要调动社区居民的积极性，使他们自觉参与到当地乡村旅游业的发展当中，从而促进乡村旅游社区的经济、社会、文化等方面的全面发展，并使其充分利用乡村优质丰富的旅游资源，将传统的、贫困落后的农村建设成为真正的宜居、宜游、宜业的美丽乡村，建成城市居民返璞归真的乡村旅游度假胜地，建成乡村居民热爱和眷念的乡村摇篮。

4.2　社区参与旅游发展

随着社区参与理论的不断发展与完善，全国各地也开始广泛应用该理论以解释社区中出现的各类实际问题，不仅局限于社区居民参与社区管理，还延伸到社区参与生态保护与开发、社区参与扶贫发展以及社区参与城市或乡村规划等各个方面。然而综合来看，社区参与理论中发展得最为成熟的领域之一，当属社区参与在旅游发展的研究和应用。

4.2.1　社区参与旅游发展的内涵

社区参与理论作为一种科学的旅游规划方法正式被引入旅游研究当中，是在 1985 年墨菲（P. E. Murphy）出版的《旅游：社区方法》一书中。随后，国内外众多学者纷纷掀起了对社区参与理论的研究热潮，并对社区参与旅游发展的问题和模式等进行了深入探讨和研究，取得了较为丰硕的成果，社区参与旅游发展也已经在全国各地得到了实证应用。社区参与是旅游可持续发展的一个重要依据和内容，而旅游事业的发展也有必要考虑社区的角度，因此"社区参与旅游发展"（community involved tourism development）的概念也应运而生。

国外学者认为，社区参与旅游发展是指当地社区能够最大限度地参与到旅游发展和旅游管理中，能够最大限度地参与旅游规划和旅游决策过程，从而实现社区经济的利益最大化。

虽然社区参与旅游发展在中国学术界中的研究和应用只有短短十几年的时间，但已经为中国旅游规划实践和中国旅游发展中的问题起到了很好的指导作用，成为重要的理论依据。其中，最具代表性的便是以保继刚教授为代表的旅游学者将社区参与理论广泛应用在旅游发展规划课题中。孙九霞和保继刚（2006）在《从缺失到凸显：社区参与旅游发展研究脉络》一文中对"社区参与旅游发展"做出了明确的定义，即社区参与旅游发展是指将社区作为开发主体和参与主体纳入旅游决策、开发、规划、管理、监督等重要的旅游发展过程中，充分考虑其意见和要求，以便能保证在旅游可持续发展的前提下实现社区整体的全面发展。

4.2.2　社区参与旅游发展的核心思想

社区参与旅游发展不仅着眼于社区居民分配到的权利的大小，更重要的是还着眼于社区居民在参与过程中对旅游计划和决策的影响程度的高低。此外，由于旅游的复杂性以及旅游活动的产业关联性强，因此在旅游发展的过程中会涉及多种利益相关主体，这就表明，社区参与旅游发展中的社区主体不只包括社会居民，还包括旅游开发商、旅游企业、地方政府和相关利益群体等。

从中可以看出，社区参与旅游发展的核心思想至少包括以下几点：①旅游社区的利益相关者是参与主体；②旅游社区开发及建设事务是参与客体；③通过旅游可持续发展使社区脱贫致富以实现全面发展是参与目的。

4.3　社区参与旅游扶贫

社区参与理论是国内外学者研究乡村旅游扶贫最常用的研究视角和研究方法。社区能作为一个整体参与到旅游扶贫开发工作中，并能从中公平地受益是社区参与理论视角下乡村旅游扶贫研究关注的重点和核心。

4.3.1　社区参与旅游扶贫的概念

社区参与旅游扶贫是社区参与旅游发展的一种具体表现形式，是专指贫困地区从社区的角度来考虑旅游业的发展，社区居民作为参与主体，通过积极自觉地参与旅游发展计划、项目实施以及其他事务或者公益活动的行为和过程，可以使贫困地区的社区居民在共同承担旅游扶贫责任和风险的同时，能够获得更多的就业机会，还能够增加收入，以及获得公平共享旅游发展带来的社会、政治、经济、文化等方面的利益，从而真正消除贫困，促进贫困地区的经济社会可持续发展。

4.3.2 社区参与旅游扶贫的内容

虽然社区参与旅游发展涉及的主体纷繁复杂，但是社区居民才是旅游扶贫中最核心的利益主体，而旅游扶贫战略实施的最终目标就是要使社区居民切身参与到旅游发展活动中，并从中获益。"旅游发展"是一个具有时序性的概念，其范畴较为宽泛。按划分层次不同，我们可以将其划分为宏观层面涉及的旅游发展战略、旅游长远目标、旅游指导思想等纲领性的内容，以及微观层面涉及的旅游产品研发、旅游市场开拓等实践性的内容；按时间和空间我们可以将其划分为时间上旅游发展要素的顺序安排等，以及空间上旅游发展要素的空间结构、比例等。由此可以看出，如果要想社区居民真正有效地参与旅游发展，只有将参与的内容渗透到旅游发展的各个层面，充分调动社区居民的创造性和积极性。居民参与旅游扶贫的内容主要体现在以下几个方面：

4.3.2.1 参与旅游扶贫决策

社区居民作为社区的主人，对社区旅游发展的决策具有与生俱来的发言权。社区参与旅游扶贫决策是指贫困地区居民通过自己的方式积极参与、讨论或制定旅游扶贫发展的详细目标，实现自己内心的想法，从而参与到社区旅游开发与保护项目中，而社区居民的意见或建议往往会作为基层最重要的指标纳入决策层面。在旅游发展过程中，最基础同时也是最重要的环节便是旅游发展规划与决策，因此在进行旅游发展规划与决策时，我们必须要强调"社区参与"的理念。

社区居民既是社区传统文化的重要载体，也是社区人文旅游资源的重要构成部分，具有很强的社会价值和经济价值，因此极有必要重视和强调社区居民参与旅游扶贫发展的重要性。

据已有研究数据，贫困地区旅游目的地如果能在不损害整体利益的前提下，充分考虑并吸纳社区居民的意见并使其从旅游发展中受益，会大大增加居民对旅游发展的认同感，从而使其表现出对旅游业的认同与支持，并以更加积极的姿态介入旅游发展；相反，如果贫困地区旅游目的地只顾短期的经济利益，不考虑居民长期的利益与需求，将居民置于旅游圈外，却使其不得不忍受发展旅游带来的消极影响，长此以往势必会使社区居民产生反抗和敌对情绪，对旅游开发工作不予支持，甚至厌恶和排挤，这与旅游发展的目标背道而驰。因此，积极调动社区居民参与贫困地区的旅游发展，通过吸纳其最真实的意向和需求来解决旅游发展过程中的实际问题，是实现社区发展目标和旅游扶贫目标最科学有效的渠道，也是贫困地区旅游可持续发展的有效途径。

社区居民拥有参与旅游决策的权利，在旅游规划和决策过程中应该要广泛采取居民的意见，保证居民的发言权和参与权。只有社区居民切实参与到决策过程中，才能在旅游发展中获得相应的利益。社区参与旅游决策的程序包括社区参与旅游选址及旅游资源评价、社区参与旅游发展目标和方向的确定、社区参与旅游发展战略及实施方案的制定、社区参与旅游方案执行方式的选择、社区参与旅游成果的监测评估。

4.3.2.2 参与旅游经营管理

旅游扶贫的核心目标是通过在贫困地区发展旅游业来带动贫困人口脱贫致富。社区参与旅游业的经营管理既是保障旅游扶贫工作顺利进行，旅游可持续发展的必然需求，也是居民增加就业机会、提高经济收入的主要途径。社区参与旅游经营管理的内容主要从直接参与和间接参与两个层面体现。

（1）直接参与

社区居民直接参与到旅游产业相关的经营管理活动中，便是贫困居民最有效、最长久的摆脱贫困的方法和途径。由于贫困地区居民受文化水平、语言沟通等各方面的限制，居民无法参与强技术性的管理工作。通常情况下，社区居民直接参与旅游经营管理的形式有两种，即经营农家乐、宾馆客栈、特色餐饮、采摘体验、农产品（土特产品）直销商店等为游客提供产品和服务的旅游实体商店，以及为游客提供地方导游服务、传统民俗体验服务、旅游目的地交通服务、娱乐服务等有偿服务。

（2）间接参与

当然，并不是所有贫困地区的居民都有意愿或能力直接参与旅游经营管理活动，对于另外一部分居民而言，间接参与、间接获益也是非常不错的选择。由于旅游行业涉及吃、住、行、游、购、娱六要素的方方面面，体现出旅游产业的高度关联性，这也恰好为贫困地区的社区居民提供了更多的商业机会和就业机会。社区居民间接参与旅游经营管理主要包括参与旅游市场需求调查、旅游产品促销、旅游产品设计等。通过间接参与旅游扶贫经营工作，社区居民不仅可以从中获得经济利益，还能够增加其自豪感和认同感，从而支持旅游业的发展。

4.3.2.3 参与利益分配

社区参与旅游发展带来的利益分配同参与旅游扶贫决策、参与旅游经营管理是相辅相成的。参与旅游扶贫决策就有机会参与相应的利益分配，而享受利益分配也是参与旅游产业经营的结果。这里的利益并不只是指金钱的利益，还代表着能为社区居民带来收益的就业机会和商业机会。

（1）经济利益分配

从社区参与旅游扶贫的实践经验来看，在旅游扶贫工作中，社区居民参与利益分配的方式有两种，即成立利益协调委员会和成立股份制公司。

①成立利益协调委员会。由于旅游扶贫涉及的利益主体非常复杂，在利益分配的过程中，经常容易产生各种冲突和矛盾，因此在旅游社区专门成立一个协调各方利益的组织是相当有必要的。旅游利益协调委员会一般由各方利益群体选举代表组成，具体的人数和比例则由各方商议后决定，这样才能做到公平、公正，并且能够确保各个利益主体的利益得到满足。另外，社区居民在旅游发展中通常处于弱势的一方，其利益最容易受到侵害，因此政府在其中就扮演了非常重要的角色。政府必须充分履行好其作为利益协调者的义务，积极主动地帮助社区居民参与到旅游发展过程中，使其能从旅游业中有所收益。

②成立股份制公司。旅游社区具有集体性质，为实现科学合理地分配旅游带来的利益，一般在社区内部成立集体性质的股份制公司，旅游社区内的居民以股份的形式参与到公司中，从而获得相应的经济利益。

（2）就业机会分配

旅游扶贫的目的是社区的综合发展，但是这种发展并不仅局限在经济的增长方面，还包括减少就业不平等和失业情况等。在许多的贫困社区旅游地，旅游经营者或旅游开发商都是外来人员，聘用的工作人员也有一部分是外来打工者，很少有当地人参与。这在一定程度上增大了原社区居民的就业压力，抢夺了他们的就业机会，贫困社区无法从旅游业中获得优先的就业机会，这与旅游扶贫的战略主导目标背道而驰。社区居民是社区风俗习惯、传统文化的持有者，在旅游就业中，如导游类的工作，社区居民更有竞争力。因此，优先考虑和保障社区居民的就业机会是实现社区利益分配的重要方式。

（3）商业机会分配

许多贫困旅游社区会采取鼓励、引导本地社区居民从事旅游商业活动的方式以增加本地居民的商业机会，从而使其参与由旅游发展带来的利润分配。例如，为社区居民提供相关的政策优惠条件，鼓励其从事商业活动；自主经营特色鲜明的土特产品和传统民俗工艺品等，帮助贫困社区居民获得商业机会。

4.3.2.4 参与有关旅游知识的教育培训

社区居民进行旅游教育培训是社区参与的重要组成内容，也是社区参与的必要基础，可以大致分为基础性旅游教育培训和实用性旅游教育培训两种。

（1）基础性旅游教育培训

基础性旅游教育培训是为了增强社区居民的旅游意识以及提高其素质而进行的教育，培训一般面向所有的社区居民，内容主要包括基础的旅游礼节、旅游职业道德、旅游资源、旅游法律、生态环境保护等旅游知识的介绍和普及。其目的是通过这种基础性的教育培训让社区居民对旅游业有一定的了解，提高社区居民的参与度。

（2）实用性旅游教育培训

实用性旅游教育培训是为了增强社区居民的专业能力和实用技能而进行的培训。实用性的旅游教育培训一般面向专门从事旅游经营管理活动的社区居民，是针对贫困旅游社区的具体情况和实际需要而开展的，主要包括地方导游、实用英语、宾馆卫生、膳食制作、商品销售等实用技能的传授。其目的是通过这种方式实现旅游扶贫的可持续性，帮助贫困社区居民更好地就业，增大旅游扶贫的受益面。

4.3.2.5 参与旅游资源及环境的保护

社区居民作为社区资源的拥有者和社区文化的传承者，有责任和义务保护社区的自然资源和人文旅游资源，参与到生态环境的维护中。旅游发展会给贫困旅游社区带来不可避免的负面影响，如植被的破坏、噪音及污染物增加、社区传统文化异化等。社区居民既要从旅游发展中受益，也要承担旅游发展带来的不良影响，因此社区居民要主动地参与到社区旅游资源和环境的保护工作中。在贫困旅游社区，居民通常会采取主动保留传统民居、积极参与传统民俗工艺传承、设立环保标志牌等方式来维护社区的原真性，保证贫困旅游地的可持续发展。

4.3.3 社区参与旅游扶贫的重要性

基于社区参与理论的贫困地区旅游扶贫发展与传统的旅游开发模式相比，扶贫地区的造血功能大大增强，无论是从理论还是实践上都验证了社区参与旅游扶贫是十分有必要的。社区参与旅游扶贫的重要性主要体现在以下几个方面：

4.3.3.1 社区参与是旅游扶贫的内在动力

贫困地区旅游扶贫工作之所以能够高效发展，得益于旅游社区内外合力。旅游扶贫的外在动力是指地方政府通过资金投入、政策优惠、教育培训等手段来推动旅游业的发展；旅游扶贫的内在动力便是指社区居民参与旅游业的发展，内外动力相互协调、共同作用于旅游发展，缺一不可。社区居民是社区的主人，是社区文化的拥有者，其特有的生产生活方式、民俗风情等都是优质的旅游资源，是吸引旅游者的重要因素。因此，社区参与能对贫困地区的旅游发展产生巨大的推动力，只有将政府的外在动力和社区内部的内在动力相融合，才能使旅游扶贫工作内外合力，达到理想的效果。

4.3.3.2　社区参与是贫困旅游社区脱贫的有效途径

旅游业是一种强关联性的产业，在贫困地区发展旅游业能够为旅游社区带来大量的就业机会和经济收益。社区居民主动参与旅游开发，可以减少外来就业人员的比例、增加地方经济，如果居民还是单纯地依靠政府和旅游经营者的扶持，是无法实现利益公平分配、旅游可持续发展的；而当居民参与到旅游发展中，在获得旅游带来的利益以后，会更加主动加入旅游发展的过程当中，这样不仅可以增加居民的旅游认同感，还能增强社区的综合实力。社区参与使得原有的追求政府、商业组织收益最大化的模式转变为追求三者效益最大化的模式，增加了社区居民的经济收入，实现了更高层次的效益最大化，是贫困地区发展旅游业脱贫的有效途径。

4.3.3.3　社区参与是旅游扶贫可持续发展的重要保障

社区中的可持续发展具有特定的含义，即要实现社区的经济增长、旅游资源、环境保护整体协调发展，社区居民在整个发展体系中发挥着关键作用。从以往贫困地区的旅游扶贫实践成效来看，在贫困旅游社区，居民参与旅游扶贫的积极性越高，社区的自然和人文旅游资源保存得越好，吸引来的现实旅游者和潜在旅游者也越多。如果在旅游扶贫中不考虑社区居民的利益和需求，不重视各个利益主体之间的良好协作关系，损害居民的合法权益，居民必定会产生抵触情绪，甚至是反抗行为；反之，不仅可以保障居民自身的利益，还可以实现贫困地区旅游扶贫可持续发展。

4.3.3.4　社区参与是保护旅游资源和环境的重要举措

从我国旅游业的发展来看，许多地区的旅游开发是以生态环境为代价来获取经济利益的，最终得不偿失。社区参与的过程中，居民能够树立环境保护的意识，增加对社区的依赖感和认同感，产生情感联结，从而会自觉自愿地关注环境问题，监督旅游者的不良行为，保护自己赖以生存的环境。另外，在参与旅游发展的过程中，居民也会从中意识到旅游资源的重要性，因此会约束自己的行为，加强对社区传统文化、自然环境的传承和保护，从而实现保护旅游资源和环境的目的。

5 比较优势理论

　　旅游扶贫是以旅游资源为重要依托拉动贫困地区脱贫。我国地域的辽阔性使得资源要素的分布存在巨大的空间差异，这也导致了我国西部地区和东部地区的经济与发展方式的差异，而旅游扶贫就需要依赖于这种空间差异性来实现。虽然西部贫困地区在发展环境、生产条件和人口素质上与东部经济发达地区相比处于劣势，但是贫困地区发展旅游业却有着自身的比较优势，其旅游资源优势、环境优势等都可以加以利用。比较优势理论在旅游扶贫中的应用已经受到了学术界的广泛关注，"旅游脱贫"可以作为扶贫的新思路在实际中去应用。因此，本书将运用比较优势理论阐述旅游扶贫的可行性和必要性。

5.1 比较优势理论的基本内涵

　　比较优势理论由经济学家大卫·李嘉图创立，在《政治经济及赋税原理》中被首次提出，用于解释世界贸易经济现象，是当今国际自由贸易理论的基石。该理论的核心思想是：由于生产同一类型的商品在每个国家或地区的生产费用是不同的，如果每个国家或地区都凭借自己相对有利的生产条件，花费相对较低的成本来生产相应的产品，并用其交换本土生产相对不利的产品，那么两国（地区）资源都会得到有效的利用，从而获得"比较利益"（大卫·李嘉图，1976）。

　　比较优势理论发展至今共经历了三个阶段：第一个阶段是亚当·斯密创立了绝对优势理论；第二个阶段是由大卫·李嘉图创立，约翰·斯图亚特·穆勒加以发展完善的比较优势理论；第三个阶段发生在 20 世纪 30 年代，赫克歇尔与俄林又先后提出新的见解，共同创立了生产要素禀赋理论。其中，亚当·斯密的绝对优势理论和大卫·李嘉图的比较优势理论被统称为"传统的比较优势理论"，这两种理论都倾向于把商品的比较优势归因于每个国家在生产商品时存在着的相对劳动生产率差距。而现在人们所说的比较优势理论更多地指向了由赫克歇尔与俄林两位经济学家共同创立的生产要素禀赋理论，该理论更进一步地将商品相对成本的差别归因于各国所拥有的生产要素禀赋的不同。

5.1.1 亚当·斯密的绝对优势理论

《国富论》中有这样一段话：如果一件东西在外购买时花费的代价比在家生产时花费小，就永远不会想在家生产。这是每一个精明的家长都知道的格言，它能够全面地体现亚当·斯密绝对优势理论的主要思想。

在亚当·斯密所生活的时代，英国资产阶级战胜封建地主阶级之后，成为政治上掌握实权的最高阶级，资本主义生产方式开始推行。随着封建羁绊逐渐被摆脱，人与人之间的关系越来越倾向于赤裸裸的物质利益和竞争关系，社会也因此变得更加繁荣。亚当·斯密用劳动分工理论来解释了自私自利的经纪人怎样促进了社会繁荣，并将经济人的劳动分工原理直接运用到国与国之间，这就产生了绝对优势理论。

劳动分工可以在一定程度上提高劳动者的熟练程度、促进技术的改进和创新，进而极大地提高劳动生产率。个人天赋是劳动分工的结果，劳动分工能使人的天赋产生巨大差异。如果人们都专注于自己最擅长的产品进行生产，那么通过交换，每个人都将获得到更多的剩余产品，社会也会因此而繁荣起来（亚当·斯密，1972）。从这个逻辑点出发，亚当·斯密进一步认为国与国之间的劳动分工也是同一个道理：如果外国能生产出比本国制造所花费成本更低的商品并通过贸易提供给本国，那本国就可以直接用自己具有优势的产品与其交换，不再需要自己生产。这就是亚当·斯密提出的绝对优势理论。

亚当·斯密（1972）认为，地域条件和自然条件的差异最终也会导致商品的成本存在绝对差异，而这种绝对差异正是形成国际贸易的主要原因。劳动生产率可以通过国际分工来进一步提高，两国也可以通过国际贸易来实现"双赢"。亚当·斯密（1972）还认为，一个国家（地区）的优势可以分为自然优势和后来发展取得的优势，这两种优势都能让这个国家（地区）在生产某一产品时，节省劳动时间，以获得成本优势，进而在国际市场上占据价格优势。该理论说明，如果每个国家（地区）都只生产自己具有绝对优势的产品，那么通过国际贸易这一途径，每个国家（地区）的福利都会得以改善和提高。从以上论述可以看出，亚当·斯密的绝对优势理论阐述的是一种绝对优势，随着经济环境和条件的改变，绝对优势理论受到一定质疑，比较优势理论被英国经济学家大卫·李嘉图提出。

5.1.2 大卫·李嘉图的比较优势理论

大卫·李嘉图认为，亚当·斯密的绝对优势理论具有局限性，它只能解释具有绝对优势的国家（地区）之间的国际贸易。按照绝对优势理论的逻辑，在生产所有产品时没有绝对优势的国家（地区）就不能参与国际贸易，只能自给自足。因此，大卫·李嘉图就在亚当·斯密绝对优势理论的基础上提出了新的比较优势理论，想以此来解决这个问题。

大卫·李嘉图（1976）认为，任何一个国家和地区都只能在部分领域获得比较优势，即使一个国家或地区效率再低、成本再高，也拥有自己的比较优势，各个国家（地区）之间形成成本优势的决定因素是比较劳动生产率的差别。不同国家（地区）在生产不同产品时，劳动生产率和成本差异很大，即使一个国家（地区）在任何一种商品的生产时，都没有生产率和成本上的优势，但它仍然可以通过生产和出口与其他国家（地区）相比生产率和花费成本差距相对较小的产品来参与国际贸易。而与其他国家（地区）相比，劳动生产率较高、生产各种产品成本较低的国家（地区），也只能通过生产和出口与其他国家（地区）相比生产率差距较大的产品来获得收益，这就是大卫·李嘉图所总结出的比较优势理论。

大卫·李嘉图阐述了比较优势理论的主要思想和内容，但仍然不完善。这一理论最大的缺陷在于它没有解释国际交换价值的规律，虽然它指出劳动价值规律已经不再适用于生产要素中不能自由流动的比较优势理论，但它并没提出新的国际交换价值规律。因此，约翰·斯图亚待·穆勒对大卫·李嘉图提出的比较优势理论进行了发展和完善。

对于大卫·李嘉图提出的"决定交换的不是绝对生产费用的不同，而是比较生产费用的不同"观点，穆勒表示赞同，并且他进一步提出：如果两国（地区）生产的两种产品只存在绝对生产费用差异，而比较生产费用差异不明显时，即使其中一国（地区）在两种商品的生产上都拥有成本上的绝对优势，两国（地区）之间仍然不会有贸易的发生，但如果两国（地区）在两种产品的生产上同时具有绝对生产和比较生产费用的差别，那么两国（地区）的交换就有了可能（约翰·斯图亚特·穆勒，1991）。如果按现有的比较成本优势来进行国际分工，并不能保证两国（地区）总是能从分工中受益。为了保证两国（地区）的双赢，就必须满足在分工后两种商品的交换比例处于分工前两种商品分别在其本国内的交换比例之间。从上述可以看出，穆勒直接否定了劳动价值规律在国际贸易中的适用性。

5.1.3 生产要素禀赋理论的出现

由大卫·李嘉图创立，穆勒加以完善的比较优势理论同样也具有一定的局限性，主要包括两个方面：首先，其理论中仅有劳动这一种生产要素；其次，在多种要素同时存在的情况下，该理论在解释比较优势的来源时遇到了极大的困难。在不同意劳动价值理论的新古典主义者看来，他们急需一种新的解释性理论，于是生产要素禀赋理论就应运而生了。

20 世纪初期，瑞典经济学家赫克歇尔和经济学家俄林的研究发现，除了劳动力和资本，土地等其他生产要素在商品生产中也发挥着很重要的作用。生产要素配置的差异会导致比较优势的差异。各国的资源禀赋差异很大，劳动条件、资本条件和土地资源条件也不尽相同，如果每个国家利用其较为丰富的生产要素进行生产，那么就可以通过对外贸易获得最大的利益。

生产要素禀赋理论认为，比较优势是来源于先天存在的或外生的资源禀赋。该理论涉及了要素丰裕度和要素密集度两个中心概念。

5.1.3.1 要素丰裕度

要素丰裕度又被称为"要素禀赋"，它能够展示出一个国家或地区的资源拥有状况，能够用以衡量一个国家或地区所拥有的可用生产要素之间的相对丰富性（俄林，2001）。现在我们主要运用两种方法衡量要素丰裕度：第一种是以生产要素供给总量衡量，如果一个国家（地区）某要素占总生产要素供给比例大于别国（地区）的同类要素的供给比例，那么称该国（地区）该生产要素为丰裕；第二种是以要素相对价格来衡量比较，若一个国家（地区）某要素相对价格（该要素的价格和其他要素价格的比率）比别国（地区）同种要素相对价格低，则称该国（地区）该要素丰裕（俄林，2001）。

商品和生产要素的价格是供求双方共同决定的结果，总量衡量法仅考虑供给一个方面的因素，而相对价格衡量法不仅考虑了供给因素，还考虑了需求因素。一个国家（地区）的要素禀赋非常重要，与该国（地区）适合发展何种产业以及其要素使用比例范围有密切联系，同时也决定着该要素价格的适合范围。

5.1.3.2 要素密集度

要素密集度表现的是一种比例，特指在产品生产过程中各种投入要素之间的比例（俄林，2001）。要素密集度是一个相对概念，两种产品的要素比例和要素价格之间的关系是可以进行比较的，它不是生产过程中要素投入绝对量的比较，而是不同的投入要素数量之间的比较。即使生产两种不同产品时各自投入的要素数量不同，但只要所投入的各种要素的相对比例相同，那么这两种产品也会拥有相同的要素密集度。

根据要素密集度的不同，又可以将产品分为资本密集型产品和劳动密集型产品，但是这两种不同类型产品的判定并不是那么简单，必须对比它们与其他产品的要素密集度。一个国家或地区在进行产品生产时，这个过程所需的生产技术里包含的劳动和资本的比重在一定程度上是可以调节的。在其他条件不变的情况下，随着要素相对价格的变化，厂商也会调整产品生产过程中的各要素投入比例，所以要素投入比例会随着要素相对价格的变化而变化。但如果在相同的要素价格下，不管要素的相对价格发生怎样的变化，一种产品的资本与劳动的比率都大于另一种产品，则称前一种产品为资本密集型产品，而后一种产品为劳动密集型产品。

赫克歇尔和俄林认为投入两种生产要素是生产过程中的基本条件，并且现实生产过程中投入的生产要素并不止劳动力一种，而是有很多种。在两国（地区）生产同一产品的技术水平相同的情况下，这种价格差异就来自生产该产品的绝对成本，而绝对成本的差异又来自生产要素的价格差异，这和该国各种生产要素的相对丰裕程度息息相关（俄林，2001）。因此，在国际贸易中，一国（地区）的要素丰裕程度可以决定该国（地区）的比较优势。

5.2　比较优势理论在旅游扶贫中的运用

随着我国经济开发重心的宏观战略性西移，人们逐渐开始关注贫困地区的发展。旅游业凭借其强大的相关产业带动性吸引着各方的关注，旅游扶贫战略也逐渐成为人们关心的焦点。每个国家或地区都有着自己独特的旅游资源，以及与其相匹配的旅游产业政策，旅游产业基础和环境的不同使得各个国家或地区在进行旅游开发时都有着自身的相对优势条件，因此在旅游业发展中应当注意对比较优势理论的应用。根据国内外相应的游客市场需求，各个国家或地区可以选择生产出对于本国或本地区来说最有利的旅游产品，以获得最大利益。而在实施旅游扶贫战略的过程中，贫困地区和发达地区之间存在的比较利益也是两者产生经济合作的基本条件（丰志美，2008）。

根据比较优势原理，我国西部地区拥有着能进行深入开发的旅游资源以及可持续发展的潜能，所以实施旅游扶贫是其脱贫致富的必然选择，也是西部地区旅游业发展的必经之路（邓小艳，2004）。

5.2.1 旅游扶贫的必要条件

要素赋存的空间差异是旅游扶贫的必要条件。要素禀赋的空间差异指的是生产要素在地理空间分布和地域经济系统演变运动中的不均匀性。要素的空间分布差异不可避免地会导致经济活动方式及内容的差异，促进不同国家（地区）之间的商品交换，以及各种生产要素的流动，而旅游扶贫依靠的就是旅游者的空间差异性和跨区域流动。首先，旅游业作为一种比较新型的经济产业，其中包含的要素的空间差异性是非常客观的，如旅游者、旅游资源、旅游基础和接待设施等；其次，世界上不存在依赖于同一客源地的两个旅游目的地，这也是旅游扶贫另一个重要基础。

旅游区的特色往往就来自旅游业要素禀赋的空间差异性。如果旅游区和客源地的旅游资源和文化差异越大，就越能吸引旅游者，这就给了贫困地区以独特旅游资源优势吸引外来旅游者一个很好的发展空间。就国内而言，东部沿海地区以及其他内陆地区与四川的旅游资源差异很大，同时，由于经济发展水平、人口分布的差异也十分明显，这也可以看出四川是可以成功吸引游客的旅游目的地，这也成了进行旅游扶贫的前提条件和客观基础。

5.2.2 经济利益的推动作用

区域经济利益是贫困地区旅游扶贫的推动力量。由于人类的经济活动在不同的地域空间内进行长期分化，因此各地区的经济发展状况也大不相同。各地区从区域分工中获得各种利益，其中也包括经济利益。通过旅游扶贫，各地区能够发挥出自己区域独特的旅游资源比较优势，提供更多独具特色的旅游产品。将比较优势理论应用于旅游扶贫之中，这就要求在旅游资源丰富的地区，地方政府应该加强引导，进一步整合该区域的各种要素，将资金、劳动力、技术集中起来，用于开发旅游资源，发展旅游业，让本地区形成特色旅游景区和景点，专业化生产旅游产业的相关产品，使其成为国内外知名旅游目的地。

许多欠发达地区拥有非常丰富的旅游资源和劳动力，但其依然较贫困，其主要原因是当地落后的经济条件，资金缺乏的问题困扰绝大多数欠发达地区。另外，高素质人才和管理技术的缺乏也是一个重要因素。而反观许多经济发达的地区，生活水平高、质量高，因此，旅游需求也十分旺盛，市场广阔，但其苦于旅游资源的贫乏、人口密度大等问题，导致旅游业并不是其发展重心。而通过旅游扶贫的实施，这两种类型的区域可以进行友好协作，推动各要素在两个区域之间的流动，双方都能获得"稀缺"资源，彼此的资源和要素也能得到更加有效的利用，从而达到"双赢"。在这一过程中，贫困地区的旅游企业通过市场竞争，可以得到更多机会锻炼，旅游专业人才的素质和规模也能得到显著提高，旅游政策和环境进一步改善，经济发展水平也能因此提升。

5.3 贫困地区的要素禀赋结构

一个国家或地区要发展旅游产业，必须充分考虑其生产要素禀赋的结构。按照贫困地区现有的发展环境、生产条件和人口素质，单纯依靠传统农业不可能建立新的增长机制，实现经济的持续发展和摆脱贫困落后的状态，而兴办现代工业在资金、技术、管理与职工素质上毫无竞争力可言（邓小艳，2006），这种特点就决定了其必须要遵循比较优势原则发展其旅游业。但在发展旅游业的同时，也要充分考虑该国或地区的旅游资源禀赋、资本、技术等因素的构成情况，最大限度地利用其比较优势，而不是完全忽视自身条件，照搬其他国家或地区的旅游发展模式，一味谋求他山之石，制定适合自身发展的旅游发展战略。

贫困地区发展旅游业有着自身优势：一是旅游资源优势，贫困地区往往有许多具有开发潜力的旅游资源，这对发展旅游业是必不可少的；二是环境优势，由于贫困地区没有大力发展过工业，贫困地区的生态环境保存比较完好，自然风景也十分吸引人；三是土特产优势，贫困地区受地域因素影响，往往都会有自己的地方特色物产，这也使得其旅游购物和餐饮的发展大有潜力。

但相对而言，贫困地区的旅游资源开发也会面临一定的问题：一是缺乏资金，一些很优质的旅游资源会因为资金问题难以开发，加上财政紧张，旅游部门的经费来源往往没有保障，导致政企难分，无法形成较强的竞争力；二是交通不便，一些吸引人的景点往往过于偏远，因此难以得到市场；三是人才问题，当地人才往往在外出读书后不想回到自己家乡，尽管有一些事业心强、有开拓精神的人才想为当地经济和旅游业发展做出贡献，但最终还是会由于资金没有保障、工资低、旅游开发难度大等原因放弃或离开（段红艳，2006）。

概括来说，贫困地区旅游资源开发的优势集中在其良好的资源禀赋（环境、风景、土特产资源等），而劣势在于资本、技术和人才。我们从资源禀赋以及资本和技术两个方面来分析贫困地区的要素禀赋结构。

5.3.1 资源禀赋

我国大部分欠发达地区都位于西部地区。中国西部地区处于我国第二、第三阶梯带上，拥有着极其丰富、绮丽的优质旅游资源，种类繁多，独具特色。有世界屋脊——青藏高原，又有世界第一峰——珠穆朗玛峰；有令人称奇的三江并流景观，也有绵延万里的荒漠戈壁；有风情万种的热带雨林，还有气候多变的吐鲁番盆地；有历史文化长廊丝绸之路，还有壮丽的宫宇寺庙。

在当今交流如此密切的世界中，我国西部地区还是一个相对比较封闭的并带有一些神秘色彩的地区。但也因此，不管是对国内还是国外的旅游者来说，它都有极大的吸引力。其资源禀赋具有如下特点：

5.3.1.1 旅游资源类型多且各具特色

我国西部地区面积辽阔，包括12个省（自治区、直辖市），即西南五省（自治区、直辖区）、西北五省（自治区）、内蒙古自治区和广西壮族自治区，总面积约686万平方千米，约占全国总面积的72%。经度跨度大，地形复杂多样，再加上各种独特的民风民俗，这也造就了西部地区多种多样的旅游资源。

在自然景观资源方面，受大陆季风和高原季风以及多样的地质构造条件的影响，我国西部地区塑造了神秘性与科学性完美结合的岩溶景观、令人叹为观止的高山峡谷景观、雄伟壮阔的冰川雪山景观、浩如烟海的戈壁荒漠景观等。

在人文景观资源方面，西部地区浓厚的历史、文化和宗教色彩使其成为华夏文明的重要发祥地之一。西周至盛唐，约2 000年之久的时间孕育了璀璨的文化，给西部地区留下了许多举世闻名的历史、文化及宗教遗迹，其中包括令人叹为观止的秦始皇陵兵马俑、蜿蜒起伏的万里长城、惟妙惟肖的敦煌莫高窟、华夏远古文明轩辕黄帝陵、连接古今的丝绸之路、金碧辉煌的布达拉宫等数不胜数的文化景点。

少数民族的异域风情也是一种非常优质的旅游资源。我国少数民族主要聚居在西部地区，数千年来，少数民族在这里繁衍生息，形成了不同的民风民俗，创作了属于自己的民族歌舞，节日活动绚丽多姿、纷繁多样，如火把节、泼水节等，吸引着游客远道而来体验节日氛围。

此外，西部地区的体育旅游资源也相当丰富。西部地区的喀斯特地貌非常有名，坐拥众多的岩溶洞穴群和高山雪峰，如珠穆朗玛峰、慕士塔格山、公格尔九别峰、阿尼玛卿峰等，其魅力在国内外喜欢体育旅游活动的游客心中萦绕不断，他们都想要一睹其瑰丽。

同时，西部地区的饮食文化资源也强烈地吸引着人们的味蕾。中国的美食文化在世界上闻名遐迩，而西部地区独特的气候和水土等条件使得该区域盛产品种优良的瓜果。由于各民族的生活传统不同，各地的风味小吃也纷繁多样，更有声名远播海外的八大菜系之一的川菜，以其麻辣鲜香而独领餐饮业风骚，名扬全球。

5.3.1.2　旅游资源品质高

西部地区的不少景观已经成为全国乃至全世界公认的财富和宝藏，各个省（自治区、直辖市）都有其知名度高且独具特色的旅游资源。以四川省为例，九寨沟—黄龙、青城山—都江堰、峨眉山—乐山大佛、四姑娘山、卧龙大熊猫自然保护区等资源都是极品旅游资源。不仅如此，西部地区其他省（自治区、直辖市）也同样有许多高品质的旅游资源。

5.3.2　资本和技术

较好的社会经济条件是旅游业发展的基础，地区经济发展水平会直接影响其旅游资源开发、旅游基础设施建设和吸引投资的规模等，而我国西部地区的经济发展水平一直处于一种相对落后的状态。东部地区由于政策和地理位置的优越性获得了快速发展，中、西部地区则相对落后，且随着时代的发展，东、西部地区的增长差异已经由原来的 5 个百分点增长到了 12 个百分点，逐渐拉大的增长速度差异无疑更加增大了东、西部地区经济发展的差异。正因为如此，与经济发达地区相比，西部欠发达地区所接受的旅游投资远远不够。

同时，资金的缺乏也导致了技术的落后，贫困地区的各种旅游基础设施建设技术以及景区用来增加游客体验感的高科技产品展示技术非常不成熟。虽然国家全力进行西部大开发，加大了对西部地区的投资力度，但是政府投资毕竟是有限的。因此，西部地区依靠增加资本投入来发展旅游业，仍将面临较大的困难。

造成西部旅游资源开发相对落后局面的很大一部分原因是因为资本和技术的限制。一方面，贫困地区在面对丰富的旅游资源进行整治、规划与开发时会面临极大的困难，这就造成了一大批有价值的人文和自然旅游资源被埋没，或因保护不力而被破坏；另一方面，资金、技术的缺乏也会导致西部旅游业接待能力不足，相关旅游设施和配套设施无力建设或维修。

通过分析西部欠发达地区的要素禀赋结构我们发现，资源禀赋占据着比较优势，而资本和技术相对缺乏。因此。贫困地区应当充分运用比较优势理论，紧紧抓住旅游资源禀赋这一优势来发展旅游业，实现脱贫。但我们同时也必须注意，禀赋资源形成的外生比较优势并不是永久性的，如果某些条件发生改变，其原有的比较优势可能会逐渐减弱，甚至消失（蒋志勇，2015）。因此，旅游资源的开发利用要根据贫困地区所处的发展阶段和自身特点来进行，这样才能使资源禀赋在旅游扶贫过程中发挥比较优势。

6 增权理论

从广义上讲，增权是一个帮助人们对影响他们生活的因素进行控制的过程。这一过程既包括医疗保健中的个人责任，也包括使人们能够为自己的健康承担责任的更广泛的机构、组织或社会责任。增权也是促进旅游发展可持续性和公平性的有效方法。增权理论关注个人、家庭、社区等群体，致力于通过多种途径来提高其自身的人际交往能力、社会经济和政治能力，以增强其自我救助的潜能。在旅游开发过程中，由于旅游资源产权界定不清晰、缺乏权利意识、信息不对称、管理技能薄弱，社区居民普遍处于被排斥和无能为力的状态，导致旅游发展中出现尖锐的社会矛盾与冲突，这也成为制约我国旅游发展的最大因素和引发各种社会矛盾的根源。社区增权理论可以说是为促进社区有效参与而生。增权理论的奠基者斯彻文思（Scheyvens）明确提出旅游增权的受体应当是目的地社区，这一观点得到普遍认同。他认为，许多传统社区旅游开发实践中，最普遍的问题是当地社区的无权与去权状态普遍，这也是社区不能有效参与旅游的根本原因。另外，在旅游扶贫的实践中，常常伴随着扶贫主体"无话语权、缺乏参与形式"等现象，使得扶贫效果不佳。因此，重视并发挥增权理论的优势，必将有利于整个社会秩序和社会结构的和谐发展。

6.1 增权理论的内容

增权理论（empowerment theory）又可译为"充权""赋权""激发权能"理论，流行于 20 世纪 80 年代以后。在今天，"增权"是一个大众化的词语，可以应用在各种各样的社会现象，如妇女运动、学生增权、青少年增权、教师增权等。1976 年，美国学者巴巴拉·所罗门（Barbara Solomon）在先驱著作 *Black Empowerment：Social Work in Oppressed Communities*（黑人增权：被压迫社区的社会工作）中率先提出了"增强权能"（empowerment）这个概念，用来提高弱势群体的权力及其参与性。在现实生活中，由于社会利益的制度安排和分化等，处于社会边缘或者社会底层的弱势群体缺乏维权以及实现自我利益的权力和能力。在美国社区中，黑人受到种族歧视，拥有极少的权利自由，遭受社会带来的异样眼光和负面评价，长期感受到生活的压力和无权，面对不公平待遇也无处诉说。巴巴拉·所罗门呼吁社会给予黑人民族与白人同等的尊重，增加黑人的权利，对黑人民族进行"增权"。

此后，关注增权理论的研究者和实践者越来越多。增权理论起初是因为社会工作而被提出的，关注的重点是提高弱势群体的权力和社会参与度。而现在，增权理论成了社会学、教育学、政治学、社区心理学、社会工作学等学科的新兴核心概念，又成为人文服务、公共卫生、精神健康等实践领域的热门话语。随着学科交叉性日益增强，增权理论又被运用到了旅游研究领域。增权是在权力（power）、无权（powerlessness）、去权（disempowerment）等核心概念基础上建构起来的，其中权力或权能（power）是增权理论的基础概念。

6.1.1 权力的概念与特征

6.1.1.1 权力的概念

关于权力的定义纷繁复杂，不同学者对权力有不同的看法。有学者认为，权力是一种能力或力量。他们认为能力或力量的核心要素是权力，而权力的显著特征则是强制性。对于"权力"一词的界定，最早出现在《布莱克维尔政治学百科全书》中，权力是指一个行为者或机构影响其他行为者或机构的态度和行为的能力，即权力不仅是一种能满足自己的能力，还是一种能影响他人、能分配社会资源的能力，这种能力是能被人感知的客观存在，即权力感。在增权研究领域，权力是指权力关系中的各方争夺或获取某种竞争性资源的现有或潜在的能力。也有学者认为，权力包含着一个人或一群人影响另一个人或一群人的活动，可以控制他人、强迫他人。此外，还有一部分学者认为，权力就是在复杂的社会关系中拥有自由意志去执行，即便前方会遭遇重重阻力，因此他们认为权力就是一种机会或能力。综上所述，权力是一种能力，也是一种影响力，不仅是一种客观存在的事实，还是一种主观上的心理感受，也就是权力感。

权力还有不同的类型，有硬性权力和软性权力，以及相对于拥有资源和决策过程的权力（Wang Y, 2016）。权力出现在不平等关系的社会互动中（Dowding, 2006），拥有更大权力的人对相对较弱的人施加影响，这可能导致对资源的获取或限制（如旅游）以及态度和行为的改变（如旅游态度和行为）

（Deomampo D，2013）。

6.1.1.2 权力的特征

权力拥有三个基本特征，即支配性、强制性和扩张性。支配性是指拥有权力的主体对受体进行支配，这种支配性是因为权力主体掌握的资源基础，实施权力的目的也在于获得这些资源。而这些资源可以划分为"实际资源和潜在资源""强制资源、诱导资源和说服资源""个人资源和集体资源"。强制性是指由于权力对象的资源基础薄弱，而权力主体对资源基础的不平衡占有，导致权力对象对权力主体不得不服从，这种服从往往不以权力对象的意志为转移。强制的方式不仅包括控制、命令等强制手段，还包括说服、诱导、安排、分配等方式。扩张性是指权力本身极具诱惑及其带来的附加利益使得权力带有一种扩张性，权力的扩张意味着寻租的可能性更大。

6.1.2 无权和去权

6.1.2.1 无权

和权力相对的是无权。无权指的就是完全没有权力。无权既是能力的丧失，也是资源的缺失，因缺失资源不能实现自己的意志或不能影响他人。无权是一种状态，首先表现为权能的缺失，即个人或团体无法平等地享有权利，其次表现为无权感，如心理上的无助感、无力感、缺乏"个人效能感"（sense of self-efficacy）（Rappaport J，1984）。

无权会导致弱势群体沦为"烙印群体"（stigmatized groups），让他们认为自己缺乏足够的权力和力量去改变他们自己的生活。这种自我贬低经常内化，进而整合进个人自我发展的过程之中，形成一种无权感。

6.1.2.2 去权

去权则是指社会中的某些社群权力被剥夺。去权是无权的结果，即个人被去权后开始自我贬低甚至失去参与事物的信心和意愿。

6.1.2.3 无权和去权的关系

无权和去权存在着因果关系，去权是无权的因，无权是去权的果。无权既是一种客观事实，也可内化为一种主观感受，即无权感。无权的客观事实和内化的主观无权感之间相互建构，使得无权群体的无权状态更趋恶化。一方面，能力的丧失、资源的缺乏等客观的"无权事实"导致弱势群体进行自我否定、自我贬值，这种负面的自我概念和消极的自我认同内化为强烈的无权感，在弱势群体心里形成刻板印象；另一方面，被长期的这种"无权感"侵蚀和洗脑，形成"得过且过"的生活态度，无力改变生活现状，导致"无权事实"被强化。最终，"无权事实"和"无权感"双向"形塑"，形成恶性循环。但值得一提的是，无论是权力、去权还是无权，都是一种可以随时改变的状态，并非是固定的、不可改变的，而促使从无权状态转变成有权状态就需要对弱势群体进行增权或者说是激发其权能。

6.1.3　增权

要使无权的态势扭转，使弱势群体拥有足够强大的力量，当参与、分享、控制会对他们的生活造成影响时，增权就显得十分重要。"增权"是增权理论体系及其工作实践中最核心的概念，简单来说就是赋予权力缺失的群体某种权力，通过外部的干预和帮助以增强个人对能力和对权利的认识，从而减少或消除无权感的过程，最终目的是指向获取权力的社会行动及其导致的社会改变的结果（Zimmeman，1990）。

旅游研究中的社区增权是使社区居民加强对旅游资源的控制，提升话语权和表决权，改善居民与政府、居民与旅游开发商之间的不平衡关系，建立起新的均衡的权利关系，实现各方利益诉求。通过赋权，使居民更有能力维护自己的合法权益，为居民提供参与旅游发展各方面的机会，共享旅游发展带来的红利。

6.2　旅游增权理论的形成与发展

6.2.1　国外旅游增权理论

6.2.1.1　国外旅游增权理论的形成和发展

旅游增权理论始于西方，因社区参与理论无法真正让社区居民从旅游开发中获利等诸多不足，旅游增权理论应运而生，后被我国学者引入中国。最早是Akama J（1996）在对肯尼亚生态旅游的研究中提出社区居民增权的必要性，他认为是因为社区居民缺乏权力而无法真正参与到旅游活动开发中，因此应对社区居民增权，但他未对旅游增权进行详细介绍。而同样是研究生态旅游的Jessica Coria 等（2012）则以文献综述的形式回顾了生态旅游社区发展成功和失败的经验，并在文中强调土著居民参与旅游的重要性及社区增权的必要性。

1999 年，Scheyvens 正式将增权理论引入生态旅游研究。他明确指出，旅游增权的受体应是旅游目的地社区，并提出了一个包含四个维度（经济、心理、社会、政治）在内的社区旅游增权框架（见表 6-1），这四个维度与可持续发展的内涵和社区发展的要求是一致的。Scheyvens 认为，对当地社区来说，要真正实施对旅游发展的控制，需将权力从国家层面下放到社区层面，如将当地相关机构、各种宗教团体、普通群众组织包括妇女和年轻人在内，都应该选派代表参与旅游发展决策过程，从初始的可行性评估阶段到实施完成阶段。此外，因为社区不是一个持有共同目的的、同质的、平等的群体，为了有效防止社区中的权力经纪人（power broker）或地方精英（local elites）操纵和主导社区旅游的发展方向，以致垄断旅游发展的经济利益，则有必要成立类似于董事会或地方旅游组织之类的机构。在随后出版的 *Tourism for Development：Empowering Communities* 一书中，Scheyvens（2002）又将关注的焦点转向第三世界的旅游社区，强调政府、旅游企业、非政府组织和地方组织在旅游社区增权中的作用。

表 6-1　旅游发展中的社区旅游增权框架

框架	增权	去权
经济增权	旅游业为当地社区带来持续的经济收益。发展旅游业所赚来的钱被社区中许多家庭共同分享，并导致生活水平的明显提高（新建给水系统、房屋更耐久）	旅游仅带来了少量的、间歇性的收益。大部分利益流向地方精英、外来开发商和政府机构。只有少数个人或家庭从旅游中获得直接经济收益，由于缺少资本或适当的技能，其他人很难找到一条途径来分享利益
心理增权	旅游发展提高了许多社区居民的自豪感，因为他们的文化、自然资源和传统知识的独特性和价值得到外部肯定。当地居民日益增强的信心促使他们进一步接受教育和培训机会。就业与挣钱机会可获得性的增加，导致处于传统社会底层的群体如妇女和年轻人的社会地位提高	许多人不仅没有分享到旅游的利益，而且还面临着由于使用保护区资源的机会减少而产生生活困难。他们因此而感到沮丧、无所适从，对旅游发展毫无兴趣或悲观失望
社会增权	旅游业提高或维持着当地社区的平衡。当个人和家庭为建设成功的旅游企业而共同工作时，社区的整合度被提高。部分旅游收益被安排用于推动社区发展，如修建学校或改进道路交通	社会混乱和堕落。许多社区居民吸纳了外来价值观念，失去了对传统文化的尊重。弱势群体特别是妇女承受了旅游发展带来的负面影响，不能公平地分享收益。个人、家庭、民族或社会经济群体不仅不合作，还为了经济利益而相互竞争，憎恨、妒忌时常发生

表6-1(续)

框架	增权	去权
政治增权	社区的政治结构在一定程度上代表了所有社区群体的需要与利益，并提供了一个平台供人们就旅游发展相关的问题以及处理方法进行交流。为发展旅游而建立起来的机构处理和解决不同社区群体（包括特殊利益集团如妇女、年轻人和其他社会弱势群体）的各种问题，并为这些群体提供被选举作为代表参与决策的机会	社区拥有一个专横的或以自我利益为中心的领导集体。为发展旅游而建立起来的机构将社区作为被动的受益者对待，不让他们参与决策，社区的大多数成员感到他们只有很少或根本没有机会和权力发表关于是否发展旅游或应该怎样发展旅游的看法

对于旅游增权的概念和内涵，2003 年，澳大利亚学者索菲尔德（Sofield）在 *Empowerment for Sustainable Tourism Development*（增权与旅游可持续发展）一书中，从斐济的旅游开发和南太平洋所罗门群岛的例子中论证了以往的社区参与都是一种单向的被动参与过程，社区居民在本质上是"无权"的，这正是其在实践中失败的原因。书中还指出，政治和权力的结合是任何政策制定的基础，社会发展、经济发展与相应的政治发展是不可分割的，任何政治和权力的研究中都应包含旅游的现代化理论和发展理论的分析。这进一步深化了旅游增权的概念，指明旅游要和政治权利相结合，社区增权是提高社区居民参与度的前提条件，只有增权才能使利益主体达到均衡水平，实现环境、制度、地位的均衡，只有充分进行社区增权（community empowerment）才能凸显社区在旅游发展中的主体地位。因此，增权是目的地获得可持续发展的重要前提，增权的观念必须渗透到整个旅游系统中去。索菲尔德强调，法律的增权比传统的增权对可持续发展的现实意义更大。总的来说，旅游增权是要帮助建立有助于利益相关者参与旅游发展决策的合法权利框架（Clark et al., 2006）。

6.2.1.2 国外旅游增权理论的评价

西方研究旅游增权的学者因看到社区参与的不足，延伸了内涵进而发展了增权理论，把"权力"应用到旅游可持续发展中，为提升居民在旅游开发中的参与度提供了一个有力的突破点。

然而，首先，西方学者将旅游赋权的"权力"限制在社会和政治权力之下，这是一种狭隘的权力观；其次，西方学者将旅游增权的受体界定为社区，是一种典型的"方法论集体主义"观点；最后，社区增权必须通过一定的政治制度来体现。

他们所倡导的是通过旅游赋权来增强社区的"权力"，这只是指能力或技能。它只是个人权力的一种形式。为了保证个人权力的获得，"权力"的范围必须扩展到"个人权利"，包括经济权利、社会权利以及政治权利，即权力的延伸也应得到促进和保护。因为可靠和明确的个人权利是真正有效行使权力的基础。没有个人权利的制度保障，社区居民只具有识别能力或自我保护能力，这远远不够。只有当稳定个人的权利受到充分保护时，政治才会受到一定程度的限制和制约（左冰 等，2008）。

左冰和保继刚（2008）认为，个人增权应先于社区增权。社区不能被视为一个独立的实体。只有个体才是社会、政治和经济生活中唯一积极主动的参与者。唯有在每个个体都平等拥有并且认识到自己拥有受到保护的可争取自己利益的权利，而且每个个体都有行动的能力来捍卫个人权利以后，才可能对所有的强制性权力或一切排他性权力都施以严格的限制（左冰 等，2008）。

有西方学者认为，在发展中国家社区增权需要政府的支持与授权，但并没有将其与国家的政治制度建设直接联系起来。增权的实质就是使各利益相关者要形成新的均衡的权力关系，满足各方利益诉求，并充分尊重他们的表达权力，避免有一方能侵害到另一方。这种权力分享的真正逻辑要求国家必须从法律或政治上支持和授予社区增权的合法性，建立起一套正式的支持性的制度来保障社区参与的权益，将传统的"自上而下"（top-down）的社区参与方式改变为"自下而上"（bottom-up）的合法增权形式。从而将强势的力量与相对弱势的力量均衡地安排在一个宪制框架内，通过第三方制约来真正实现旅游发展中各种权力关系的平衡和社区参与旅游发展制度化（左冰 等，2008）。

6.2.2 国内旅游增权理论

6.2.2.1 国内旅游增权理论研究进展

中国较晚开始研究旅游增权。2008 年，左冰和保继刚（2008）在《从"社区参与"走向"社区增权"——西方"旅游增权"理论研究述评》一文中将旅游增权理论首次引入中国。文章从理论上对西方旅游增权理论进行了梳理、吸收和批判，认为应当将"权"的政治权力拓展至"个人权利"，个人增权优先于社区增权，中国旅游实践中应加强制度增权。他们指出，旅游增权理论拓展了社区参与的内涵，为推动旅游发展的公平性，探索形成社区参与旅游发展的有效模式提供了一个全新视角和理论突破点，必将在中国的旅游研究和实践中得到广泛应用。但是由于中、西方政治制度、经济制度以及社会文化背景的差异，将旅游增权理论引入中国需要从中国复杂的历史背景以及现实条件出发对该理论加以"解释、补充、修改"，这样的"引入"才会使其具有有效性和生命力（左冰 等，2008）。

王宁（2006）首次提出制度增权的必要性。保继刚和孙九霞（2008）指出只有在制度层面上确立社区的权力，进行制度性增权，才能真正凸显社区在旅游发展中的主体地位，以确保旅游可持续发展。王亚娟（2012）就制度增权进行了深化，将其归纳为正式制度直接增权、正式制度间接增权、非正式制度直接增权、非正式制度间接增权四种类型，并对不同制度增权类型的实现路径进行了深入探究。

保继刚和左冰（2012）还提出了"吸引物权"新型产权权利，认为国家要重视制度增权，以增权推动农村社区参与旅游发展的土地权利的变革。王会战（2013）就国内外旅游增权研究成果进行了归纳分析，提出旅游增权应运用扎根理论，采用自然主义研究范式，将分析视角转移到系统理论、制度约束上来，以继续细化增权需求、增权阶段和增权类型等方面的研究内容。

旅游增权理论在国内的发展研究既有助于补充和完善旅游增权理论的理论体系，又有助于构建中国旅游增权的实践框架，形成良好的学习西方学术经验的态度，在理论、实践及方法上具有多重意义。

6.2.2.2 国内旅游增权案例应用研究

国内学者多采用案例分析的方法研究旅游增权。保继刚和孙九霞（2004）从旅游增权的视角研究了云南雨崩村村民增权，发现村民只有增强个人权利才能实现各方利益的均衡，倘若有政府和外来投资参与极可能被打破目前的均衡状态，因此提出制度增权是雨崩村旅游能否实现可持续发展的前提条件。云南梅里雪山雨崩藏族村作为社区参与乡村旅游发展的典型案例，经历了一个从"市场经济自由竞争"的村民自发参与到"计划经济统一调度"的社区集体参与的社区自我主导的旅游经济发展过程，基本实现了经济增权、心理增权和部分政治增权，被认为提供了一种中国现阶段社区参与旅游和自我增权的路径和选择。

随后，左冰（2009）在对云南省迪庆州旅游发展中的权利关系进行本土化研究的基础上，指出了我国旅游增权出现资源产权不明晰、旅游相关制度不完善、信息不对称等问题，提出要完善旅游租赁制度，同时需要在制度增权的基础上加强信息增权和教育增权，改变社区不平衡的权利关系。对于不同的社区，增权的侧重点应有所不同，对于弱权利意识型社区，心理增权应摆在首位；对于强权利意识型社区，应优先进行制度增权。此外，制度增权可分为正式制度直接增权、正式制度间接增权、非正式制度直接增权、非正式制度间接增权。社区旅游增权的目标包括社区的和谐发展、历史文化的传承、生态保护和旅游的可持续发展。

盖媛瑾等（2009）在对天龙屯堡与郎德苗寨乡村旅游社区经济增权比较研究中发现，旅游公司是以追求利润为目标的，不可能将社区增权作为公司发展的首要目标，这就导致乡村旅游开发中社区居民是弱势群体，大量资金流向外来利益者。他们认为，政府应搭建平台从中进行干预和协调，建立相对公平的利益平衡机制，保证社区居民在旅游开发中的积极性和主动性；还应加强对社区居民的知识教育和文化技能培训，提高他们的社区参与能力；要积极引导建立行业协会、旅游专业合作组织，增强社区成员的凝聚力，提高其与外来投资者的谈判能力。此外，政府还应在制度层面上确立村民的权力，进行制度增权，通过一系列法律法规，以凸显社区在乡村旅游开发中的主体地位，这是公司主导型乡村旅游开发模式下，社区获得经济增权的重要前提。

郭文和黄震方（2010）对云南傣族园和雨崩村两种发展模式进行对比分析，得出只有将发展旅游权能融入社区权能建设中才能保证旅游的可持续发展的结论。在旅游开发中进行社区增权的实质是通过增强在当地社区的旅游开发的控制权、利益分享权和强调社区在推动旅游发展方面的重要性，使社区居民从被动参与转向主动参与，以获取旅游发展中的决策权，保证当地村民的利益最大化，并且能够部分地控制旅游在地方发展。

翁时秀和彭华（2010）探索了浙江省楠溪江古村落群去权的根源以及增权的途径，发现由于村民的无政治状态，村两委和社区利益是相脱离的，多数村民担心维权会使其生存环境恶化而不愿维权，因此村两委联合社区外利益相关者剥夺社区公共利益，这种权利关系阻碍了社区的发展。郭华（2012）通过调查江西婺源李坑村发现村民处于无权的弱势地位，并以增权理论为基础，以经济增权、心理增权、社会增权、政治增权为框架提出社区增权对提高社区居民参与旅游的重要性。陈娟等（2012）以青岛市海岛社区为例，从增权角度对海岛社区居民的心理、制度、教育、经济等增权提出建议，认为社区增权并不是单独的个人所能完成的，它需要社区、政府、旅游开发经营商等共同努力来实现。

6.2.2.3 旅游增权定量研究

旅游增权定量研究成果的出现是旅游增权理论研究的一个新阶段。学者陈志永和杨桂华（2009）采用定量的方法构建旅游增权感知的测量指标，并对相关案例做了空间分异研究，最后就旅游地的可持续发展提出建议。郭文和黄震方（2013）在前人研究的基础上设计出社区参与旅游发展权能的六项隐形指标，对两种类型的案例中的社区权能状况进行了深入调查和研究。张彦

（2005）在山东三个历史街区社区旅游增权研究中采用定量的方法构建了社区旅游增权系统模式。

　　未来旅游社区增权还可以从不同空间位置上的不同居民在旅游扶贫中的参与程度来对权能感知做更详细的区分，并根据具体情况补充旅游扶贫中的增权方式。旅游扶贫地有留守老人、妇女、儿童的，也可对这些群体进行细化研究。

路径篇

　　旅游扶贫是我国扶贫工程的一项重要内容，其把扶贫开发和乡村旅游有机结合起来，通过开发乡村旅游资源发展旅游业，达到扶贫目的，在此过程中取得了一定的成效。在发展中，相关部门应充分挖掘贫困地区的旅游资源，探索适合的发展模式和发展策略，以实现促进农民增收、脱贫致富的目标。本篇重点探讨旅游扶贫的几种路径，即"景区带动"型、"能人带户"型、"资产收益"型和"合作社+农户"型。

7 旅游扶贫路径——"景区带动"型

"开发一个景区,致富一方百姓"。"景区带动"型旅游扶贫的中心词重点体现在"带动"二字,"带动"是多方式的:以扶持就业带动、以完善基础设施带动、以优化生活环境带动、以优惠政策带动等。这些带动方式主要是吸纳当地贫困户直接参与到旅游景区的运营发展中,使贫困户搭上脱贫致富的"旅游车"。此模式在河北、安徽、四川等省份都得到了普遍实施,取得了较好成效。各地区利用旅游资源优势把"绿水青山"转化为"金山银山"也引起了学术界的广泛关注,政府、企业、旅游者和当地社区居民、非政府组织也是扶贫活动的利益相关者之一。对于民族贫困地区而言,资金、技术及管理经验的匮乏,加之市场张力不足,外来投资谨慎等现实,利用景区是政府主导旅游发展的必然选择。依托景区是村寨旅游发展的重要形式,也是重要优势。基于此,本部分试探讨"景区带动"型旅游扶贫的概念、具体方式及其问题。

7.1 "景区带动"型旅游扶贫的概念

"景区带动"型旅游扶贫有不同的概念称谓,又可以称作"景区依托型旅游扶贫""景区牵引型旅游扶贫""景区帮扶型旅游扶贫"等,是指贫困地区已有的旅游景区和将打造的旅游景区利用其经济优势,推动当地贫困户通过旅游景区工作、餐饮住宿服务、销售商品等就业或自主创业的方式实现旅游脱贫,同时可以完善当地基础设施和优化生活环境,并且将景区运营管理和当地长远发展紧密联系,其实质是旅游景区带动贫困户脱贫。这里的景区包括诸多类型,国家级、省级 A 级景区、森林公园、风景名胜区、旅游度假区均应涵盖其中。

根据系统理论划分方法,综合各子系统特点,我们可以将旅游扶贫系统划分为供给系统、需求系统和营销系统。其相互依赖、相互促进、相互摩擦,在系统内部形成了推动旅游扶贫活动运行的需求动力、供给动力和营销动力，并构成了旅游扶贫的核心动力系统。①供给系统。旅游业的发展离不开旅游产品的供给，而旅游企业、社区参与是供给系统不可或缺的动力主体。在该系统中，旅游企业将资金技术注入产业中，开发旅游产业，活跃了当地的旅游经济，带动了旅游景区的发展。②需求系统。需求动力来自旅游者追求差异化的旅游行为，是旅游活动的根本驱动力。旅游者将鲜活的资讯、信息、观念带入当地，在主、客双方的持续接触中，能够提升贫困人口可持续发展能力。③营销系统。社区居民在扶贫过程中的自主意识的不断增强，也必然会促使其加入自主营销的队伍中来。因此，旅游企业和社区居民是该系统有效运作的主体力量。相关部门应鼓励贫困户围绕旅游景区开展自主创业活动，对贫困户自主创业实施政策倾斜，景区统一规划。在旅游扶贫的动力系统中，各动力主体构成了系统中的内生变量，是旅游扶贫实践中的主宰者。旅游扶贫的最终目标是要形成贫困地区的可持续发展能力，实现物质文明和精神文明的统一及社会的和谐发展。

基于比较优势理论，由于比较优势理论和 H-O 模型是一种静态分析，在这里将它们结合起来称为"静态比较优势论"，其核心思想是：一国根据资源禀赋，从生产要素丰裕度的相对差别角度参与国际分工，便能获取"有利取重，不利择轻"的比较利益。西部民族地区保存了大量完整丰富的旅游资源，如辽阔的地理疆域、神奇的自然景观、悠久的历史文化、浓郁的宗教色彩、丰富的文物遗产、神秘的民间文化、别致的建筑样式、奇异的服饰风格、瑰丽的歌舞艺术、古朴的风土人情等。随着全球旅游业的发展和旅游者需求的变化，这些资源可以开发成多样化、个性化的旅游产品，与现代旅游市场需求相吻合，从而有助于打造具有特色的旅游景区。因此，实施旅游扶贫是将其资源优势转化为经济优势、实现经济良性增长的最佳选择。

7.2 "景区带动"型旅游扶贫的适用范围

"景区带动"型旅游扶贫这条路子并不适合所有的贫困地区，有的地区硬性条件不足，便不能生搬硬套这种模式。"景区带动"型旅游扶贫的使用范围涵盖两类地区：一类是已经有旅游景区的贫困地区，具备这个成熟条件，便可以将景区的运营发展和贫困人口的脱贫致富紧密联系；另一类是贫困地区内有较为丰富的旅游资源，通过开发、建设可升级为旅游景区，在初期开发和后期运营过程中能助力当地贫困人口就业。四川省"景区带动"型旅游扶贫情况摘选见表7-1。

表7-1 四川省"景区带动"型旅游扶贫情况摘选

旅游景区	带动地区	主要成果
凉山彝族自治州西昌市，安哈彝寨仙人洞旅游景区	长板桥村	①安置贫困群众就业300余人，人均月薪3 000元以上；②农产品年销售收入5 000余万元
南充市仪陇县，朱德故里景区	所辖的5个农村社区	①安置贫困群众4 000余人就业；②返乡创业130余户，年均增收1.5万元以上；③带领周边1.1万户3.34万人脱贫
达州市宣汉县，巴山大峡谷旅游景区	大峡谷片区102个贫困村	①景区有70余个建设工地，吸纳2 000余名贫困群众务工，人均年增收2.5万元以上；②每年分配景区收入的2%作为村集体经济收入
甘孜藏族自治州康定市，木雅景区	俄达门巴村	①景区每年向贫困户提供5万元房屋租金，2017年保底分红款共计85万元；②优先安排37户建档立卡贫困户在景区服务性的岗位上工作；③免费每年出资40多万元购买农村基本养老保险和农村合作医疗保险
阿坝藏族羌族自治州小金县，四姑娘山风景名胜区	长坪村	①投入资金2 000万元建设交通等基础设施；②2017年，全村参与旅游接待经营的有80户，旅游从业人员有340人

资料来源：笔者根据相关资料整理而得。

7.3 "景区带动"型旅游扶贫的具体方式

7.3.1 建设基础设施

基础设施是指为社会生产和居民生活提供公共服务的物质工程设施，它是维护国家和地区正常的社会经济活动的公共服务体系。一个国家或地区基础设施的改善，是长期可持续和稳定经济发展的重要基础。"景区带动"型旅游扶贫的方式之一，便是建设贫困地区的基础设施，如最基础的交通设施，俗话说的"要致富，先修路"，贫困地区的交通线就是经济发展的生命线、脱贫致富的时间线，是旅游扶贫的硬性条件；同时，旅游景区的经营本就需要可进入性较好，外部交通和内部交通通畅、完善，进出便捷，既方便游客来访顺利，也要保证离开时方便。基于此，景区不仅要注重内部建设，对景区外的交通设施更应有所保障。此外，基础设施体系还包括邮电设施体系、供水设施体系、环境绿化设施体系等。基础设施具有公共服务的特点，很少直接产生经济效益，因此很多景区在进行旅游扶贫帮扶时轻视或者忽视基础设施建设，这会影响旅游业的发展，并给旅游扶贫带来消极影响。因此，为了防止"重效益，轻建设"的问题发生，在旅游扶贫进程中，相关部门应该将基础设施建设纳入当地国民经济发展总体结构中，使其成为地方经济发展的引擎，突出旅游的带动作用，实现旅游和扶贫的一体化。

7.3.2 提供就业岗位

"授人以鱼"不如"授人以渔"。旅游景区运营需要不同岗位、不同层次的劳动者，贫困地区的旅游景区可以吸纳大量劳动力、就业门槛较低、就业方式灵活、解决众多贫困人口的就业问题，以此激发脱贫户脱贫的内生动力。张伟、张建春和魏鸿雁（2005）认为，旅游扶贫效应的评估不应该主要集中在对宏观经济效应的分析上。因此，他们从微观角度出发，以安徽省铜锣寨风景区为例，对旅游扶贫中的贫困人口的获利及发展情况进行了评估，并得出了结论：只有景区主管部门培育、扶持、引导贫困人民利用旅游开发的效应，旅游扶贫目标才能实现。

"景区带动"型旅游扶贫进程中，旅游景区应通过逐步入户、获取信息、核实资料等细致的方式来识别所在贫困地区的贫困户的劳动力现状，时刻掌握一本扶持就业的"明白账"，掌握未就业贫困人口的数量以及有就业意愿的贫困人口、有培训意愿的贫困人口等信息并根据实时情况进行更新。当旅游景区出现用人岗位空缺时，可以及时为贫困人口安排、解决就业问题，实施"扶智式"扶贫。一方面，贫困人口通过在景区的直接就业和间接就业不断提升个人发展能力；另一方面，游客将鲜活的资讯、信息、观念带入当地，在主、客双方的持续接触中，贫困人口的精神面貌、发展信心、认知能力和专业技能持续提高，从而有助于提升其个人可持续发展能力。

缺乏一技之长、没有就业经验是贫困户就业的难题之一。在安排贫困户就业之前，相关部门应有针对性地紧紧抓住提升贫困户职业技能这一"牛鼻子"，持续多次开展职业技能培训，对贫困户在餐饮服务、客房服务、接待礼仪、食品卫生安全等各个方面进行专业培训，先储备一批量有能力、懂技术、知管理的劳动力，再带动和促使众多的贫困人口转变旧思想、旧观念，提升其综合素质、职业素养，使其搭上脱贫致富的"旅游班车"，实现"输血式"旅游扶贫到"造血式"旅游扶贫的紧密承接，让贫困户与旅游从业人员之间达到"无缝对接"。

旅游景区在运营时期便可以发挥辐射带动就业的作用，为当地的贫困户提供工资性工作岗位，如景区售票员、管理员、清洁工、保安人员等；同时，旅游景区带动了食、住、行、游、购、娱等商业业态，也需要大量的劳务人员从事如餐厅服务、客房服务等工作，以直接或者间接的方式增加贫困户的增收渠道。也可以借助旅游发展带动手工业、畜牧业、种植业、养殖业、零售业等关联产业的发展，提供更加广泛的就业岗位。基于岗位的多样性，旅游扶贫对贫困人口的初始技能、年龄等要求相对较低，扶贫覆盖人群更广，带动性更强。

7.3.3 扶持自主创业

相关部门要鼓励贫困户围绕旅游景区开展自主创业活动，对贫困户自主创业实施政策倾斜，景区统一规划，采用免费或优惠的方式向其提供经营场所，如小商铺、购物亭等；可以吸纳贫困户在景区特定范围内出售自家生产的农产品、土特产、手工艺品，使其变成可以出售的旅游产品，增加贫困户的经营收入，提高贫困户的生活水平。

此外，相关部门还要鼓励贫困户自主发展农副产品加工业，开办民宿、农家乐、果蔬采摘园、垂钓园等小微经济，实现由传统的第一产业向第三产业转型，形成"一业带多业、多业促一业"的发展格局，通过建立自主创业贫困户支持名单库，实施贷款支持。同时，旅游景区也将带动其他企业，其他企业可以以贫困户的种植产品、养殖产品为基础，向贫困户进行收购，开发具有当地特色的商品，实现共同发展。

7.4 "景区带动"型旅游扶贫效果还需提升

"景区带动"型旅游扶贫发挥其优势的同时也存在一些问题。首先，"景区带动"型旅游扶贫在扶贫进程中很少根据实际情况考虑贫困户自身是否有足够的能力自主创业，由于没有经验和能力不足，他们往往会受到外来经营者的挤压。其次，旅游景区的工作岗位有限，很有可能无法满足所有贫困户上岗的需求，如此将导致没有就业的贫困户心里的不满。最后，旅游开发会产生许多的负面效应，游客的增多会导致当地的物价被哄抬，影响贫困户的日常生活，使得贫困地区内的自然生态环境有可能遭受人为的破坏；同时，社会环境也会被旅游者所影响，旅游者在景区产生的高消费和贫困户的生活状态会形成极大的反差，这可能会引起贫困户心里的不平衡，由此造成冲突，不利于社会的安定。因此，"景区带动"型旅游扶贫还需要因地制宜，在大量的实践环境中寻找最佳的方式助力贫困户脱贫致富。

8 旅游扶贫路径——"能人带户"型

"能人带户"型是指在乡村旅游的发展过程中，一部分经营管理能力突出或具有特殊才能的人，组织并带动贫困社区居民参与乡村旅游活动，从而实现共同富裕的发展模式。乡村旅游的经营管理往往是实现土地、资本、劳动力、企业家才能等生产要素合理配置的过程，在贫困地区往往最为缺乏的就是有经营管理能力的人才。因此，"能人"是乡村旅游发展和旅游扶贫中较为稀缺且宝贵的社会资源。在乡村旅游的经营、管理和服务过程中，相关部门要大力提倡"能人带户"模式，在旅游扶贫的进程中进一步加强"能人"的能力建设和成长环境营造，给予"能人"更多的政策引领，激发更多有才能的人投身旅游扶贫，带动当地贫困人口增收致富。

8.1 "能人带户"的概念

2016 年 8 月 18 日，在全国乡村旅游与旅游扶贫工作推进会上，国家乡村旅游扶贫工程观测中心发布了《全国乡村旅游扶贫观测报告》。根据报告，自 2015 年开展乡村旅游与旅游扶贫工作以来，全国各地的乡村旅游扶贫工作成效显著，发展势头良好，为我国的扶贫事业做出了巨大贡献，但同时报告也指出我国乡村旅游扶贫工作中所面临的主要难题之一便是专业人才匮乏。由此可见，在贫困旅游目的地大力施行"能人带户"型能有效推进乡村旅游和旅游扶贫工作的进程。

8.1.1 "能人带户"型

"能人带户"是指对一批具有旅游经营管理能力或具有特殊才能的人进行引导并扶持，使其在乡村旅游发展过程中担任领军者的角色，通过能人带户社区贫困人口有效参与乡村旅游经营或服务活动，从而实现社区共同致富的发展模式。

"能人带户"型强调的是人才，人才是开展乡村旅游和旅游扶贫过程中必需的社会资源，是贫困地区脱贫的生力军，通过引入人才参与乡村旅游扶贫开发，既能带动地方的经济发展，又能开拓贫困社区人们的思想，从而在物质层面和精神层面实现旅游脱贫。

8.1.2 "能人"的含义及分类

8.1.2.1 "能人"的含义

土地、资本、劳动力、经营管理是开展乡村旅游活动的四大生产要素。开展乡村旅游和旅游扶贫的地域普遍都是经济水平、交通设施、教育制度、医疗卫生等条件较落后的地区，贫困地区的普通居民都比较缺乏知识、经验和技术，经营管理的能力相对不足，这就导致旅游生产经营的成效不够显著。"能人"的出现正好能够弥补贫困地区人才匮乏的缺陷。

"能人带户"型中的"能人"，具体是指能力强、素质高、技术好，敢创业、敢进取、敢干事，在创业致富和产业发展方面能发挥主观能动性，带动贫困地区经济发展，具有示范引领作用的人才。简而言之，在乡村旅游发展的过程中，"能人"主要承担企业家的角色；"能人带户"模式，就是资本、劳动力和企业家才能有机结合的模式。

8.1.2.2 "能人"的分类

就现有的乡村实践现状来看，"能人"主要分为本土能人、返乡能人和外来能人三类。

（1）本土能人

本土能人是指从小生活在当地社区并在社区内具有较高社会地位或声望的精英人才，他们对当地的特色旅游资源相当了解，能够充分利用旅游资源的优势，带动村民发家致富；另外，他们与普通居民相比拥有更多的社会资源，在发展乡村旅游的过程中，不仅能够提供资金等方面的支持，还能灵活地协调政府、企业和社区居民之间的社会关系。

（2）返乡能人

返乡能人主要是指原本在外地打工或自主创业，受到近几年发展乡村旅游热潮的推动而返乡创业的能人。这类能人和普通居民以及本土能人相比，他们拥有更多在外积累的资金、知识、技术等社会资源；同时，由于在外生活的经历，这类能人的视野更加广阔，接受新鲜事物的能力更强，经营管理的观念更先进，更能带动当地社区的旅游发展。

（3）外来能人

外来能人主要是指以大学生、青年创业团队、专业艺术人才等为代表的旅游创客群体。这类能人通常通过政策扶持、资金支持、技术改革、理念创新等方式进入乡村旅游地区，从事乡村旅游创业项目或经营活动，从而促进社区居民增收。

8.1.3 "能人带户"型的增权理论基础

增权是基于个人权利和效能的缺失而提出，依靠外部力量，增强个人的能力和权力感，以减轻或消除无权感。对社区进行增权，可以提高当地居民的参与率，获得可持续生计资本，从事非农产业，提高收入水平。

"能人带户"型即通过支持村庄能人，开发旅游产业，进而带动当地的发展，帮助当地贫困人口脱贫。首先，在个人层次方面，当地居民在能人的带领下可以亲身参与到旅游业的发展中，让其除了农业生产，还可以从事其他行业，增强其权力感和自我效能感；其次，在人际层次方面，依据乡土逻辑，村民会基于亲缘或地缘关系构建人际关系网络，能人由于具有较高的社会经济地位或特殊技能而受到大家的尊重，因此处于村庄关系网络的中心，依靠自身的威信和辐射效应，能人可以增强村庄的凝聚力；最后，政府会遵循利益最大化原则，在看到能人带户农户对村庄经济产生巨大效益时，主动向其输送大量资源，助力村域经济发展，从而使村庄实现旅游经济可持续发展。

8.1.4 "能人带户"型的增权效应分析

"能人带户"型的增权效应主要分为经济增权效应、社会增权效应和心理增权效应。

经济增权效应主要体现在两个方面：一是旅游业本身的发展，可以为当地居民带来经济收益；二是旅游业的发展可以带动其他关联产业的发展，使当地居民的收入来源更加多元化，显著提高当地的经济水平。

社会增权效应主要表现在两个方面：一是随着旅游业的发展，当地的基础设施和娱乐设施会得到一定的改善，居民生活的便捷性和休闲性也会得到相应的提高；二是为了维护当地的旅游目的地的形象，垃圾污水的治理会进一步得到重视，居民的生活环境也会得以改善。旅游资源的开发使得村民对旅游发展的支持度不断增加，社会生态效益得到提升。

心理增权效应主要表现在旅游业的发展加强了当地居民与外界的联系，居民长期接触外来游客的同时，自身的思想观念也在不断发生变化。

8.2 "能人带户"型的脱贫路径

在贫困旅游地区，通过对有意向从事旅游创业、旅游经营管理的能人开展创业意识、技术能力和带动能力等方面的教育和培训，由这些能人吸纳和带动社区居民参与旅游服务或接待活动，这样有利于激发贫困地区社区居民的内生动力，实现旅游增收脱贫目标。"能人带户"型是实现发展产业脱贫的关键，是发展贫困村经济的重要举措，是落实精准扶贫的有效途径。通过各地"能人带户"型的主要做法和经验来看，能人带户贫困地区脱贫的路径主要有理念带动脱贫、产业带动脱贫、技术带动脱贫、资金带动脱贫、托管分红带动脱贫和劳动输出带动脱贫六种。

8.2.1 理念带动脱贫

理念是行动的先导。旅游扶贫工作如果想要取得较好的成效，就要先从转变思想理念出发，针对贫困居民进行旅游发展益处的宣传，根据他们的发展愿望来定目标、定路子，帮助他们转变思想观念，让贫困地区居民真正参与到旅游扶贫工作中，实现"要我脱贫"观念向"我要脱贫"观念的转变，从而为旅游精准扶贫做出贡献。简而言之，能人通过理念带动脱贫就是要通过一些农民易于接受的观点或方式点燃他们的动力和激情，使其转变传统落后的思想观念，从而实现旅游增收。理念的转变，可以为旅游扶贫做好铺垫，让扶贫工作落到实处，为改善贫困群众的生活质量提供动力。

2017年，宁夏回族自治区固原市组织了一次规模较大的思想教育培训，由393名优秀的致富能人分小组深入贫困旅游社区为3.5万名贫困群众做巡回演讲，通过这种农民对农民的方式将思想理念传达给广大的农民群众，用群众身边真实的典型案例教育群众，能够使得群众产生共鸣，激励他们的参与热情，此次培训效果显著。

8.2.2 产业带动脱贫

产业扶贫是有效实施旅游精准扶贫的核心和重点，通过产业带动是实现旅游扶贫从"被动输血"向"主动造血"转变的有效途径。普通的贫困户由于受到资金、技术、经验等因素的限制，难以形成一定的产业规模，因此能人通过产业带动旅游脱贫也是极佳的途径。贫困旅游地区的致富能人通过产业带动贫困群众脱贫的具体措施可概括为龙头企业引领、专业组织带动和产业帮扶发展三种。

8.2.2.1 龙头企业引领

在贫困旅游地区，许多致富带头人通过创办龙头企业，吸纳和引导当地的贫困群众参与到旅游创业和产业发展过程中，并与农民签订务工、种养、销售和收购等合同，以保障贫困群众的基本收入来源，从而通过龙头企业的引领和示范，带动贫困户增收脱贫。

8.2.2.2 专业组织带动

带头能人通过建立农村合作社、旅游产业协会等专业组织召集贫困群众参与到旅游扶贫工作中去，将其吸附到集产、供、销于一体的旅游生产经营产业链上，利用合作社、产业协会等的集中规范优势，进行统一种养、统一销售的专业化运作，从而推动乡村旅游地区产业规模化、特色化、品牌化，提高市场的竞争力和风险抵抗力。

8.2.2.3 产业帮扶发展

致富带头人根据自身特长、管理经验和带动能力等实际情况，与贫困群众以旅游产业为纽带进行一对一、一对多等形式建立结对帮扶关系，与他们抱团发展旅游产业，从管理理念、技术水平、市场信息等方面入手，形成"循环产业"模式，使旅游产业提质增效，带领贫困群众共同致富。

陕西省千阳县将发展产业作为旅游脱贫的筑本之策和主攻方向，坚持以产业为支撑，通过致富带头人吸纳农民群众广泛参与，引进并培育38家农业龙头企业，发展438个农民专业合作社、89户家庭农场、380户种养大户，建成36个农业园区，重点打造苹果和奶山羊两大特色产业，积极引入致富能人进入农村，辐射带动所有村组，为农民增收注入强大活力，走出了一条农旅共同推动、质效共同提升的产业脱贫之路。

8.2.3 技术带动脱贫

为了改善贫困地区群众的技术瓶颈，通常致富带头人会成立"土专家""田秀才"等类似的服务团队，通过下派相应的科技员，给贫困地区的农民提供规范生产、品种改良、技术指导、信息咨询等服务，帮助农民群众培养一定的参与旅游发展脱贫致富的能力，从而提高其经济收入。

由于贫困旅游地区的技术和产业存在短板，为了解决技术难题，湖南省双牌县的致富带头人组建技术服务团队，对贫困农民进行雏鸡培育、品种提纯、标准化养殖等技术指导，其土鸡产业成为双牌县最具惠民特征的扶贫产业，已经带动 6 000 多户贫困群众人均增收 1 000 余元，双牌县也因此成功摘掉贫困县的帽子。

8.2.4 资金带动脱贫

带头人通过对贫困农民进行等级评定，为其中有需要的贫困户开通资金扶持绿色通道，为他们解决旅游扶贫路上的资金问题；另外，致富带头人还通过土地流转、就业务工、资金入股等方式来实现农民的资产性收入和工资性收入，从而增加贫困户脱贫的造血功能。

李全国是甘肃省山丹县双桥村远近闻名的"致富能人"，2006 年开始，李全国便开始流转双桥村的土地，进行规模化种植。通过土地流转，农民群众将自己的土地流转出去，既能稳收租金，又能打工赚钱，甚至还有一部分农民能够多出空余时间经营副业。这使得流转土地双方实现互惠双赢，更加坚定了能人带领群众脱贫致富奔小康的信心。

8.2.5 托管分红带动脱贫

贫困旅游地区的经济组织和致富能人与贫困群众协商以后，在自愿的前提下展开合作。贫困群众可申请扶贫小额信贷等，以资金入股分红的方式交由带头人托管并使用，由带头人按期向农民分红；除了资金入股的形式，贫困群众还可以通过牛、羊、猪等实物交由带头人托管，带头人按比例向农民分红。致富能人以这种托管分红的方式增加农民的经济收入，带动农民脱贫致富。

宝鸡市渭滨区在脱贫工作中积极将农民嵌入产业链中，变被动为主动，实现增收脱贫。2017 年 10 月 31 日，邵家山村 135 户贫困户与致富能人建立的经济合作社签订合同书，每户贫困户交 1 万元的财政扶持资金由合作社托管，合作社采取本息返还加利润分红的方式每年给贫困户按期分红 500 元，并且会根据当年合作社的经营情况给贫困户分发红利。不仅如此，渭滨区对有养蜂意愿，但无技术、无能力的贫困户，采取养殖托管的形式，委托致富带头人或专业合作社进行代管代营，贫困户以务工形式学习养殖技术，最终实现自养自营。

8.2.6 劳动输出带动脱贫

致富带头人结合贫困群众的劳动能力和素质水平组建务工队，主动带领贫困旅游社区中有劳动能力但缺乏务工渠道的农民群众参与旅游活动，如从事农产品加工、收购、储藏、运输、销售等，实现其自身价值。致富能人通过帮助贫困农民输出劳动力，掌握一技之长，拓宽增收渠道等方式实现贫困农民脱贫。

　　一个致富能人带户贫困农民脱贫的途径并不是单一的，往往是将多种路径和方式融合到一起，通过打组合拳的形式实现最佳的带动增收效果。例如，湖南省楠木桥村中的 9 个村已经吸纳建档立卡贫困人口 651 户、2 426 人加入扶贫合作社，合作社通过以下四种方式帮助农民增收脱贫：一是将贫困户每人2 000元财政扶贫资金共 485.2 万元作为本金投入扶贫产业园，实现入股分红收入。二是通过扶贫办、农商行、扶贫产业园、贫困户签订四方协议，帮助贫困户获得免抵押、免担保信用贷款（每户 5 万元），贫困户将贷款委托给扶贫产业园公司统一管理、统一使用，到期时由扶贫产业园公司统一还本付息，统一分红增收。目前已有通过信用评估的贫困户有 184 户，投放贷款达 920万元。三是协调贫困户土地流转，帮助他们实现资产性收入。四是有计划地轮流安排贫困户劳动力在产业园临时工作，确保有劳动能力的贫困户年务工量不少于 80 天，年工资收入达到 6 000 元以上。

9 旅游扶贫路径——"资产收益"型

　　社区参与理论认为，社区居民作为参与主体，通过参与旅游发展计划、项目以及其他事务，能够获得更多就业机会、增加收入、公平共享旅游发展带来的各方面利益，从而真正促进贫困地区的经济社会可持续发展。社区参与旅游业的经营管理能够有效防止返贫，是旅游可持续发展的必然需求，主要包含直接参与和间接参与两种形式。直接参与包含社区居民经营农家乐、宾馆客栈等为游客提供产品和服务的旅游实体商店，也存在为游客提供地方导游服务、传统民俗体验服务等有偿服务的形式。由于并非所有贫困地区的居民都有意愿或能力直接参与旅游经营管理活动，对于另外一部分居民而言，间接参与并以此获益也是最佳的选择。例如，居民可以将自己的土地、房屋等资源租赁给开发商企业，自己收取一定租息以提高收入，这种凭借资产、资源获取的财产性收益称为"资产收益"。资产收益在旅游扶贫以及防止返贫上发挥着重要作用，资产收益扶贫制度已经成为我国进行精准扶贫的国家战略。

　　中国共产党第十八届五中全会明确提出"探索对贫困人口实行资产收益扶持制度"。资产收益扶贫是指在精准识别的基础上，以稳定增加贫困人口的财产性收入为目的，为贫困人口创造资产、撬动贫困地区资源，充分运用市场化因素，提高贫困人口生产参与度，为其创造财产性收入（汪三贵 等，2017）。该制度创新了我国农村精准扶贫方式，这种以发展为导向的扶贫方式与以往的救济型扶贫相比有了很大的改善，是一次巨大的进步，从"输血"到"造血"，这也是我国对精准扶贫战略实施的一次重要探索。这一制度在我国欠发达地区操作性强、适用性高，快速成为我国农村精准脱贫的最优模式。目前，四川、湖南、湖北、贵州等省份已经完成"资产收益扶持制度"扶贫试点工作，取得了不错的成效。这种制度可以把农村贫困户手中细碎、分散的土地、资金、劳动力等各生产要素进行整合转化为资产，推动各类资本要素的流动，农村贫困人口的生产生存空间得以扩大，从而实现脱贫致富。

9.1 基本内涵

9.1.1 资产收益扶贫制度的核心内容

"股权量化、按股分红、收益保底"是资产收益扶贫制度的核心内容。"股权量化"是指在财政专项扶贫资金投入农村集体经济和合作社形成资产之后，再对其进行量化，最后全部分配给贫困户。而"按股分红、收益保底"就是贫困户将自己持有的资源或财政补贴、土地使用权等采取资产的形式入股到合作社、公司、龙头企业等扶贫组织中，贫困户则以股东的身份获取收益，按持有股份获得财产性分红。自主创收能力受限的农村贫困人口是资产收益制度的主要帮扶对象。对于丧失劳动能力或有特殊情况的贫困户，资产收益扶贫可以看成一种社会保障，通过保证贫困户的基本收益，帮助贫困户脱离贫困环境；对于具备劳动能力的贫困户，资产收益扶贫制度在增长其收入、稳定其收益的前提下，着重提升贫困户的参与积极性和参与程度，保证贫困户的脱贫动力，以实现脱贫攻坚的可持续发展。

9.1.2 资产类型

根据相关政策文件和地方案例，资产收益扶持制度所涉及的资产类型包括以下五种：

（1）由投入养殖、光伏、乡村旅游等项目的财政专项扶贫资金和其他涉农资金所形成的资产。在《中共中央 国务院关于打赢脱贫攻坚战的决定》中有所规定，将具备条件的可折股量化给贫困村和贫困户，尤其是丧失劳动能力的贫困户。这是当前资产收益扶持实践中较为常见的资产类型。在不改变资金性质的前提下，相关部门将财政扶贫资金或其他涉农资金投入设施农业、养殖、光伏、水电、乡村旅游等项目形成的资产，或龙头企业、农民专业合作社、家庭农场等新型经营主体，折股量化给贫困户，贫困户按股分红。

（2）水电、风能、太阳能和矿产资源开发补偿形成的资产，典型的如光伏扶贫。对于贫困地区水电、太阳能和矿产等资源进行开发，采用给原住居民集体股权的方式进行补偿（《中华人民共和国国民经济和社会发展第十三个五年规划纲要》），赋予土地被占用的村集体股权（《中共中央 国务院关于打赢脱贫攻坚战的决定》），让贫困户充分利用已有的资源和资产参与到产业发展中，获取一定的租金和分红。

（3）村集体资产量化入股到扶贫组织、企业所形成的资产。村集体资产是一种非常重要的资产类型，它也是农民的重要权益。而村集体资产涵盖范围非常广，包括农村土地、森林、荒山、荒地、水面、滩涂等生产要素及其他经营性资产，将村集体资产量化入股到有扶贫意愿、带动能力强、收益效果好的合作社、龙头企业等经营主体，贫困户也可以获取分红、租金等收益。

（4）资金和土地经营权流转形成的资产。贫困村和贫困户可以将持有的资金、土地经营权、宅基地使用权等投入城乡供水、供热、供气、停车设施等营利性的市政基础设施上，或一些营利性的医疗、养老、健身、文化设施建设上，在建成之后进行租赁经营，通过直接收入或入股分红等方式获益。

（5）金融扶贫形成的资产。金融扶贫指的是乡镇政府和农村信用合作社向贫困户均等分配信贷资源，以贫困户入股合作社、企业等其他经营主体的方式获取资产收益，这种做法在甘肃省、河南省的金融扶贫革新中也有所体现。

9.2　旅游收益扶贫的内涵

旅游收益扶贫是资产收益扶贫的一种模式，该模式以贫困村集体或贫困户所拥有旅游资源作为资产入股，选定旅游产业扶贫项目，开发和大力发展旅游业，推行产业化扶贫模式（史为磊，2012）。

贫困户的旅游资产收益由以下几部分构成：首先是租赁收入，贫困户可以将自己的土地、房屋等资源通过签署协议的方式租赁给开发商企业，自己当"收租公"；其次是旅游门票收入，贫困村可以在旅游开发之前与相关企业沟通并签订协议，承诺将景区每年的旅游门票总收入的一部分分配给贫困户，使贫困户充分享受旅游业发展所带来的好处；最后是工资性收入，旅游开发企业在当地进行旅游资源整体性开发的过程中，可以借助贫困户对当地的了解，为有劳动能力的贫困户提供工作机会，一来可以减少企业的成本，二来可以带动贫困户的就业，实现双赢。旅游收益扶贫这种方式具有重大的经济意义、社会意义和生态意义，是实现旅游精准扶贫的重要途径。

9.3 资产收益扶贫的实践路径

9.3.1 进行资金整合

资产收益扶贫的核心内涵是将贫困地区的资源转变为资产，再进一步转化为贫困户手里的股金，贫困户以股东的身份参与到乡村旅游扶贫项目中，通过引导使这种生产要素实现折股量化，通过委托或者合作经营等相关方式，使扶贫对象从股权分红和利润收益中获得持久、稳定的收入（张艺博 等，2018）。

精准扶贫工作之所以有条不紊地推进，其中扶贫财政资金是其重要的物质保障。但在资金的拨付、管理、使用上还有一些亟待解决的问题，如拨付不及时、不规范，地方配套资金不到位，地方挤占挪用套取资金等。扶贫资金统筹的多渠道重复交叉，也使得扶贫财政资金整合的难度较大。扶贫财政资金在各部门之间的协调工作也是一大难题，资金的使用效率受到管理成本的影响，较为低下。2015 年，国务院制定并出台了《推进财政资金统筹使用方案》，该方案对建立资金整合机制进行了明确规定，为财政资金的使用问题提出了解决方法，财政资金的整合也就成了贫困人口能否快速脱贫的首要条件。

9.3.2 明确农民产权

农村集体经济组织是农村集体所拥有的各类资产和资源的组织载体，进行农村集体产权制度改革，就是对农村集体经济组织所拥有的各类要素资源实行以明晰产权、确定权属关系为核心的一系列改革措施，争取构建归属清晰、权责分明、保护严格的现代农村产权体系（戴碧涛 等，2018）。无论是资产还是资源，只有在其转化为可流通的资本时才能实现资本的保值和增值，而明确各类资产的登记产权是实现这一环节的前提。

中国共产党第十八届三中全会明确要求进行深化农村集体产权制度改革，产权制度的改革是全面深化农村改革的重要任务。2015 年，《中共中央 国务院关于加大改革创新力度加快农业现代化建设的若干意见》明确指出应加快健全农村产权保护法律制度，抓紧起草农村集体经济组织条例。2016 年，《中共中央 国务院关于落实发展新理念加快农业现代化实现全面小康不目标的若干意见》提出农村集体产权中的要素分配和产权归属的问题。2017 年，《中共中央 国务院关于深入推进农业供给侧结构性改革加快培育农业农村发展新动能的若干意见》又重点强调了农村集体产权制度改革对农业发展、农民多元增收的拉动作用。

进行产权改革的主要做法可以分为以下几个方面：一是联动确认农民的财产权并进行严格保护。农民的财产权包括农村土地承包经营权、农村集体建设用地使用权、农村房屋所有权、集体土地所有权、集体林权、小型水利工程使用权和集体资产所有权，对农民予以股权认定，授予股权证书。二是开展财政涉农资金股权量化改革，稳步提高贫困户的股权收益，确保其在扶贫项目和资金分配中一分不落地获得收益。三是整合农业、国土等部门要素平台，搭建农村产权流转交易服务体系，健全农村产权交易流转数据库，促使产权市场价值实现（梁丹霞，2018）。

9.3.3 优化旅游产业链

农村集体产权制度改革与财政资金的投入是发挥资产收益扶贫制度效力的前提，而真正带动贫困区脱贫的动力来自产业平台。2002 年，世界旅游组织提出可持续旅游可以消除贫困。随着我国旅游业的快速发展，"旅游扶贫"被社会各界所认同，多年来的实践与应用也证明了旅游产业在扶贫中的重大作用，旅游扶贫已成为我国扶贫的重要手段之一。

旅游扶贫围绕扶贫为根本目的，通过开发贫困地区特色旅游资源的方式吸引游客到贫困地区旅游，通过旅游者的消费等带动当地经济发展，也使贫困人口能够从中获取经济、社会、文化的净收益。而旅游产业链指的是以具有较强实力的扶贫旅游企业为核心，包括满足旅游者需求的所有企业的集合。

虽然我国旅游扶贫已初见成效，但是在扶贫旅游产业链中依然存在着短窄、脱节、非本地化等问题，因此扶贫旅游产业链的优化也值得贫困地区注意。优化扶贫旅游产业链可以从以下几个方面入手：一是注重产业链的内部扩展和延伸。在横向延伸方面，相关部门除了发挥核心扶贫旅游企业的资源整合作用以外，还可以通过节点企业的联合经营、企业并购等形式来实现；在纵向延伸方面，相关部门可以以主导旅游产品为基础，辅之以配套的旅游产品（如旅游纪念商品等），增加产业链的长度（邓小海 等，2015）。另外，相关部门还要加强扶贫旅游产业链的本地化，将注意力放在扶贫对象——贫困户身上，提高他们的造血能力，植根于本地经济。二是注重产业链的外部延伸，通过区域旅游竞合的方式，将与扶贫旅游相关的其他产业和部门融入旅游产业的运行发展过程中，使扶贫旅游产业链渗透进不同产业和部门之间，实现旅游扶贫效应的最大化。

9.3.4 风险防范是基础

旅游收益扶贫模式虽然带来的成效非常显著，但仍然面临着一些风险。一个地区的旅游业发展程度取决于当地的旅游市场需求，市场需求的变动往往直接影响到当地旅游业的收入，进一步波及贫困地区的总体经济状况，贫困地区对旅游经济的依赖性越大，那么波动带来的影响就越大。此外，旅游业的回报周期长且投入力度较大，贫困地区在电商、仓储及政策性保险方面的不完善也会使旅游收益扶贫模式的风险较大。

首先，这些风险可以通过调整贫困地区的经济结构来进行防范，相关部门应尽量减少贫困地区在经济上对旅游业的依赖，不能一味地跟风开发旅游资源、发展旅游业，应该使经济结构适当多元化；其次，相关部门还应深入挖掘旅游收益扶贫模式可能面临的风险，将风险进行分类，明确风险的成因、危害性、可能性大小等，建立资产收益扶贫实践风险识别机制，完善政策性保险、信用担保、财政补贴等风险防范体系（杨青贵，2018）；最后，相关部门应明确资产运营方对财政资金形成资产的保值增值责任，建立健全公开、透明的收益分配机制，定期对项目进展、资金使用进行系统检查，建立风险防控机制，确保资产收益真正回馈持股贫困户（张艺博 等，2018）。由此最终形成贫困户与贫困村集体经济组织"同发展、同受益、同担当"的利益与风险共同体。

10 旅游扶贫路径——"合作社+农户"型

10.1 旅游合作社的概念

《"十三五"旅游业发展规划》中提出，要发展乡村旅游合作社、休闲农业合作社，增加农民的收入，逐步实现脱贫。

乡村旅游合作社是农民专业合作社的一种，当前，学术界尚未有对乡村旅游合作社概念的准确、权威界定。王南方（2013）认为，乡村旅游专业合作社是参加乡村旅游管理活动，利用乡村资源，自愿团结，互惠互利，共同努力实现本地区乡村旅游发展的合作组织。屈小爽（2017）认为，旅游合作社是一种新型的农业经营主体，其主要作用是为农民提供种植和旅游等服务，并在资源整合中发挥作用。银元（2017）综合分析了国内外学者对旅游合作社的定义，认为旅游合作社是农民专业合作社的一种新类型。旅游合作社和农民专业合作社都是经济互助组织，区别在于旅游合作社主要是为乡村旅游发展提供旅游服务的经济组织，而农民专业合作社是指在农村家庭承包经营的基础上，同类农产品的生产经营者或者同类农业生产经营服务的提供者、利用者，自愿联合、民主管理的互助性经济组织（《中华人民共和国农民专业合作社法》，2017）。

乡村旅游合作社是指在旅游发展实践中，由农民自愿自发地组成合作经济组织，通过资源整合，共同管理，开展旅游发展的经营活动，发展成果由组织全员共享，是农民专业合作社的一种新类型。与农民专业合作社不同的是，乡村旅游合作社是为农民提供种植、旅游等方面服务的经济组织。乡村旅游合作社将分散经营的农民组织起来，实行"统一标准、统一价格、统一接待、统一分配、统一宣传、统一培训、统一管理"，壮大了乡村旅游经济规模，提升了乡村旅游产品质量，增强了乡村旅游抵抗市场风险的能力，加快了乡村旅游资源整合开发的速度，完善了乡村旅游基础设施，提升了乡村旅游品位，增加了农民收入。

10.2　旅游合作社产生的原因

乡村旅游合作社的出现是由于个体农户在经营自己的乡村旅游项目时仅作为简单的乡村旅游主体出现，缺少合作，导致无序竞争现象大量存在，造成了严重的资源浪费，而且个体在经营的过程中势单力薄，不易在激烈的竞争中生存。经营户在经营的过程中发现要避免无序竞争，实现合作共赢，就有必要建立起一个统一的组织，这就是乡村旅游合作社出现的原因。

目前，乡村旅游合作社有三种模式。一是"合作社+公司+农户"模式。乡村旅游合作社充当公司与农户之间的桥梁；公司主要负责为乡村旅游经营者提供技术、制定经营管理的策略并承担相应的市场风险；农户是合作社成员，将闲置资源统一交由合作社管理，并以工作者的身份参与其中。二是"合作社+政府+农户"模式。政府部门出台相应的激励政策，由基层干部牵头，鼓励能人带领村民致富，调动村民的积极性。三是"合作社+基地+农户"模式。由于缺乏持续的资金与技术支持，农户单独发展乡村旅游着实困难，旅游合作社可以统一规划，降低风险，在原有的农业种植基地上加入旅游资源要素，引导村民开发旅游资源活动。

根据利益相关者理论，农户不能充分受益和发展是乡村旅游面临的最普遍、最核心的问题之一，也是很多矛盾和问题的根源。农户不能受益和发展的直接原因是农户不能有效参与旅游开发，不能有效参与的原因除了农户在参与意识和能力方面"先天不足"的客观因素外，还与现实开发管理决策中对农户参与重要性及乡村发展理论认识不足、对提升农户参与能力与建立有效参与机制的重要性认识不足等主观因素有关。

作为主导型利益相关者，农户有相应的"责、权、利"。就旅游开发而言，这个"责"基本落在了农户头上，但旅游开发的"权"和"利"则是不会自动落到农户头上的。农户必须主动去争取，以主人翁的姿态去迎接和对待旅游开发，力争拥有应有的"权"和"利"（知情权、决策参与权、经营管理权、利益分配权）。只有"责"的参与是无效参与，既有"责"又有"权"和"利"的参与才是有效参与。因此，乡村旅游的开发与发展必须高度重视农户有效参与的重要性，建立有效的参与机制，通过增强农户的参与意识和提高其参与能力，尽可能地扩大参与面、提高参与层次，让农户主动而广泛地参与旅游规划决策、旅游资源保护、旅游经营管理等活动，进而参与利益分配，确保农户能公平地获得旅游收益。只有从旅游开发中获得了实实在在的好处，农户才有进一步参与的动力，也才会激发他们对脱贫的信心和对美好生活的向往。

而旅游合作社的形式，不仅从技术参与方面利用其熟悉的农业种植加入旅游资源要素，减少了农户在参与意识和能力方面"先天不足"的客观因素，还让农户真正参与到旅游发展中，并从中获益，从而达到脱贫和防止返贫的目的。

10.3　旅游合作社参与扶贫的优势

研究表明，旅游合作社对促进农业发展、农村繁荣、农民富裕有一定的积极作用。当前，越来越多的适合发展乡村旅游的贫困地区也都积极通过组建旅游合作社的形式来整合旅游资源，各界学者对旅游合作社的研究成果也越来越显著。

10.3.1　增加就业机会　促进农民增收

合作社将全村旅游资源统一管理起来，实行集体资源全体村民共享，可以帮助解决村民一家一户办不了、办不好的问题，实现组织化地与旅游市场对接，不仅能够及时回应游客的需求，同时也便利地对接了地方政府发展旅游业的政策和项目。农民的收入是与合作社效益挂钩的，这极大地激发了村民开展旅游业、壮大合作社的积极性和主动性。由于旅游合作社的存在，乡村基础设施得到改善，如酒店价格的统一及床上用品的统一洗涤、消毒、熨烫、储运等，加上合作社的统一宣传、统一管理，通过广告、报纸、宣传册、宣传栏、指示标牌的统一，设计风格统一的乡村风貌，乡村旅游氛围得到优化，消除从前的恶性竞争、欺诈游客的行为，提升了乡村旅游的形象，使得游客量有了稳步提升。农户可以加入合作社，也可以服从合作社的管理，做好一名乡村旅游经营者。旅游合作社提高了生产效率，为村落带来稳定的客流量，从而增加农户的收入。随着乡村旅游的产业化和规模化的发展，合作社可以积累所得收益的一定比例进行更多领域的投资，增加社员资产。

10.3.2 促进旅游公共服务设施建设

食、住、行、游、购、娱是旅游六要素，同样适用于乡村旅游。乡村旅游的公共服务设施包括交通运输设施、购物设施、住宿设施、娱乐设施、安全设施等。由于分散的农户资金，个体难以拥有庞大的资金来建设这些基础设施，且传统农业对这些基础设施的需求较低。新型旅游合作社可以集中分散的资金用于建设基础设施。另外，旅游合作社可以争取政府的资金扶持，用于改善基础设施和接待设施，也可以争取政府的支持，在土地、税收等方面给予政策优惠，用于旅游设施（房屋、民宿、酒店、厕所）的改造，以及对农民岗前、岗中、岗后的培训，切实提升农户的专业知识、水平和技能，从而提升乡村旅游的硬性条件和软性条件。旅游合作社也可以建立起服务与监督管理站，用于监督合作社成员的表现以及为游客投诉提供可处理途径。

10.3.3 促进实现规模化经营

乡村旅游合作社统一组织成员，进行合理分工，促进资源的优化配置，避免资源的重复浪费和同质化程度较高的竞争，为增强经济实力走一条可行的发展道路。乡村旅游合作社打破了村民各自为政的局面，通过构建"合作社+公司+农户""合作社+政府+农户""合作社+基地+农户"等发展模式，将劳动力、资金、技术、土地、信息等生产要素集中起来进行合理配置与分化，实现乡村旅游规模化和产业化的发展。乡村旅游合作社还可以请拥有技术的成员与合作社其他成员进行分享，愿意投入劳动力和资金的农民可以放心地提供劳动力和资金，形成互利互助、和平共处的经济共同体。

10.3.4 提升市场竞争力

旅游对乡村产业环境和人口素质具有极大的提升作用，已经成为农村地区脱贫致富、促进发展的重要产业。乡村旅游合作社在完善旅游公共服务设施的基础上，通过对农民的自身特点和占有资源进行有效的分工，如提供劳动力和资金的合作社成员，可以从事餐饮、接待、住宿等不同形态的工作；提供资金、技术的合作社成员，可以从事乡村旅游产品的开发与维护工作；提供土地的合作社成员，可以从事乡村旅游开发的工作。将合作社成员统一起来，促进资源优化配置，避免重复浪费及恶性竞争，形成互利互助、和平共处的经济共同体，从而能够有效地应对市场风险，提升抗风险能力，更具市场竞争力。

10.4 旅游合作社存在的问题

一个完善的乡村旅游合作社必然会改善社区的整体面貌，能促进旅游产业与相关产业的融合，形成完整的乡村旅游产业链。目前，乡村旅游产业处于转型期，需走向规模化、集约化发展的道路，还存在诸多问题。一是内部管理机制不健全，外部缺乏约束与监管，造成很多合作社或形同虚设，或经营困难，怨声载道。因此，社区自组织能力的发展离不开农村地区良好的组织与管理。二是旅游合作社成员整体的综合素质还不够高，不能随机应变地适应多变的市场环境，对农产品种植技术、旅游管理规划和市场开发方面的知识较为匮乏，更不用说要将其运用到旅游扶贫的实践中，所以人才建设的不足对农民专业合作社的创新和发展有极大的制约作用。三是村民对旅游合作社的态度取决于他们在合作社的参与程度和获益程度。合作社的利益存在分配问题，拉大了村民之间的收入差距，使得村民之间的关系变得很微妙，不利于村民和谐。乡村旅游合作社还是要继续完善内生机制，为提升乡村旅游综合效益持续注入活力。

针对这些问题，从增权理论视角出发，旅游合作社要取得更好的效果，可以从农户个体和旅游合作社两个层次努力实现增权。一是个体层面的"自增权"。农户必须抓住发展旅游业的机遇，通过学习实现自我成长，才能在经济、政治、社会、心理各方面实现"自增权"。例如，农户要加强用普通话与游客交流的能力，主动参加厨艺和饭店管理方面的培训，主动学习网络营销方法等。二是学会利用旅游合作社本身带来的优势。根据巴纳德的组织系统理论，任何组织都是一个包含"协作意愿、共同目标、信息联系"的系统，其中同时包含正式组织与非正式组织，并且非正式组织的活力更强。旅游合作社可以通过组织座谈会，积极了解和互相交流、学习与旅游相关的信息和知识，提高对"旅游扶贫"的认识；通过成功参与旅游的农户的经验分享，改进农户对游客的态度，根据游客意见改善服务技能；帮助农户找到自家经营的特色，形成产品互补趋势，减少同质化产品的竞争。此外，当农户间因为旅游收益出现矛盾和纠纷时，旅游合作社还可以起到调解作用，避免农户关系的恶化。

案例篇

面对新时代扶贫工作的新要求，深度贫困地区需要学通用够旅游扶贫政策、学深用好旅游扶贫方法、学会实践旅游扶贫经验，结合各地、各部门实际情况，学以致用，探索创造一条符合当地实际的旅游扶贫之路，带领贫困地区群众通过旅游扶贫脱贫奔康。经过多年的发展，四川省在旅游产业带动农民脱贫致富和农村开发、农业增收的发展过程中，涌现出一大批典型案例，因地制宜探索出可供借鉴和推广的好模式，发挥先进典型的示范引领作用。本篇抓取了"景区带动"型、"能人带户"型、"资产收益"型、"合作社+农户"型四种不同路径下的旅游扶贫典型案例，这些成功案例的经验给人以启示，值得各地学习借鉴。

11 旅游扶贫路径——"景区带动"型案例

11.1 四川省呷巴乡俄达门巴村

11.1.1 基本情况

俄达门巴村隶属于甘孜藏族自治州康定市呷巴乡，位于国道 318 公路沿线，平均海拔 3 550 米，多为高原丘陵地形，属于纯牧区，是典型的高寒藏区贫困村，距康定机场 13 千米。过去的俄达门巴村，守着高原美景，却缺少致富门路，村民们过着贫困的生活。

2015 年，俄达门巴村通过引进企业打造木雅景区，村企联手互利共赢。2016 年 8 月，该景区正式开园迎客。2016—2017 年累计接待游客 6 万余人，旅游总收入为 500 余万元，达到"资源变资产、牧区变景区、穷人变股民、牧民变市民"的目的，带动当地牧民脱贫致富，成为甘孜藏族自治州全域精准扶贫的典型案例。2017 年 12 月，该景区被评为国家 4A 级旅游景区，同年，俄达门巴村被评为"全省百强名村"。

11.1.2 减贫成效

俄达门巴村有 171 户 724 人。经过多年的努力，2017 年年底全村 37 户 114 人建档立卡贫困户全部脱贫，现正在巩固脱贫成果。

2015—2017 年，村民人均纯收入如下：

俄达门巴村 2015 年村民人均纯收入为 3 100 元；2016 年村民人均纯收入为 6 000 元，较之 2015 年增长了 2 900 元；2017 年村民人均纯收入由 2016 年的 6 000 元增长到 8 000 元。

2015—2017 年贫困户人均纯收入如下：

俄达门巴村 2015 年贫困户人均纯收入为 2 400 元；2016 年贫困户人均纯收入达到 5 200 元，超过 3 300 元扶贫标准，"一超过"达标；2017 年贫困户人均纯收入由 2016 年的 5 200 元增长到 8 000 元。

2015—2017 年村集体经济收入如下：

俄达门巴村 2015 年村集体经济收入为 30 万元；2016 年村集体经济收入为 85 万元；2017 年村集体经济收入为 115 万元。

11.1.3 主要做法

11.1.3.1 "企业+资源"，资源变资产

俄达门巴村通过挖掘资源优势、完善政策和引进龙头企业，搭建了旅游资源和市场经济的桥梁，实现了"资源"变"资产"的目标。

一是挖掘资源。经过充分评估和论证，确定俄达门巴村地处康定东部贡嘎山环线、南部亚丁环线和北部格萨尔文化旅游带"两环一带"旅游发展格局的门户，318 国道横穿而过，它集藏民族传统文化、游牧资源、交通节点于一体，是川藏线上的一块璞玉，潜力巨大。

二是搭建平台。康定市政府着眼于全州旅游发展定位和俄达门巴村自身优势，对旅游资源进行了策划包装，并完善了土地、用电、信息等配套政策。通过引进企业实地查看、召开项目推介会等方式招商引资，努力依靠市场机制解决俄达门巴村脱贫问题。

三是引进企业。2015 年 4 月，康定市政府与康定市木雅泽朵旅游投资开发责任公司签订了"康定木雅热岗景区合作协议书"。公司规划在俄达门巴村投资 3.5 亿元，开发康定木雅圣地景区项目，对旅游产业进行全新打造，截至目前已累计完成 2 亿元资金投入。公司主动提出在创收的同时，优先安排当地牧民特别是建档立卡贫困户就业，与村上建立利益联结和补偿机制。

11.1.3.2 "新建+保护"，牧区变景区

公司加快打造新景区，完整保护和充分利用了原有牧区的特色，加之各级政府和部门完善配套设施，实现了"牧区"变"景区"的目标。

一是建设新景区。该公司将围绕俄达门巴村的木雅圣地景区打造成了山地观光、阳光宝地、净化身体旅游的目的地，以及康定市木雅文化研究探索的体验地和沟谷景区综合经济共同体发展的载体。公司从 2015 年 6 月起就已投资 2 亿元，用以修建 18 千米的游步道和当地牧民的出行道路，建成了建筑面积为 3 600 平方米的游客中心、观景平台、骑马场等景点设施，修建完成了有松

赞干布迎娶木雅公主嘉姆尊雕塑的木雅文化展示广场、木雅藏族风情街和嘉姆尊酒店，建成了两大特色旅游带和一条风情街，形成旅游支柱产业。

二是保护原牧区。经过政府和该公司协商，木雅圣地景区在初期的规划方案和项目建设过程中严格遵循保留藏族群众生产生活原貌的原则，依山就势打造旅游景点，草场、牦牛、住房全部保留，牧民没有因为景区建设而搬迁，群众利益得到保护。同时，政府整合牧民定居、易地扶贫搬迁等资金，帮助牧区贫困群众修建住房，鼓励他们适当发展牧家乐。在景区，牧民放牧、生活和游客旅游、体验生活完美相融，成为当地一道美丽的风景线。

三是完善服务区。省委统战部作为帮扶部门，全力当好俄达门巴村的"总协调人"，积极协调好当地政府、社会力量和牧区群众的关系。其一方面协调高等院校、专家团队和企事业单位进行实地考察，帮助编制脱贫规划，制订发展方案，搞好企业对接服务；另一方面协调交通、电力、水务、电网等部门着力解决水、电、路、通信等制约牧区和景区发展的根本问题。同时，该部门还积极改建折多山垭口综合服务区，完善 14 个加水补给站，形成覆盖吃、住、行等一条龙服务的旅游综合服务区。

11.1.3.3 "股份+资产"，穷人变股民

俄达门巴村通过整合现有资源资产，与景区公司建立了稳定的利益机制，37 户贫困户有了稳定收入，实现了"穷人"变"股民"的目标。

一是整合现有资源入股。村上以草场、滩涂、房屋、牲畜等自然资源和公共设施入股景区，公司从景区项目建设开工之月起，每年对村上进行一定款项的补偿，补助款项的用途包括但不限于建设项目过程中涉及的资源、设施相关的补偿。同时，村上和公司签订了协定，建立了利益共享机制，双方议定收益按照 2∶8 的股权分红，村集体资源折资占股 20%，公司投资占股 80%。

二是盘活闲置资产投资。村集体充分盘活贫困群众闲置资产，将国家投资建设的 49 套牧民定居点闲置房屋统一打包租借给景区。公司又将闲置住房重新装修，改造成高原别墅，供游客居住。一方面，景区每年向贫困户支付 5 万元租金；另一方面，景区吸纳贫困群众成为员工，从事相关工作，人均增收 1 万多元。

三是实行保底收益分红。公司每年按一定的标准分红给俄达门巴村的村民，十年为一个周期，满十年，分红数额将按一定比例递增，即从公司投入运营后第十一年起二十年内，公司在上一周期每年支付标准的基础上按一定比例递增向景区所在地村民分红。在景区没有任何盈利的情况下，村上每年保底分红 85 万元，其中贫困户每年保底分红 19 万元。2017 年春节前夕，公司向俄达

门巴村全体村民如实兑现了 2016 年度保底分红款共计 85 万元。

11.1.3.4 "就业+保险"，牧民变市民

通过就业扶持和购买保险，牧区群众特别是贫困群众像城里人一样享受充分的就业和医疗养老保障，实现了"牧民"变"市民"的目标。

一是扶持和引导就业。在木雅圣地景区的建设和运营过程中，该公司优先考虑村民和牧民的工作，特别是将当地的 37 个贫困户安排在景区从事保安、清洁、餐饮和娱乐项目的服务工作，同时按照有关规定执行同工同酬。为促进牧区群众就业，政府和相关部门免费组织青壮年到成都培训，帮助全村青壮年（包括贫困户）几乎可以全部就业。这不仅增加了牧民特别是贫困户的收入，还从根本上改变了他们的某些不良的生活习惯，牧民们严格按照公司的纪律和文明礼仪要求上班、下班，逐渐养成了好习惯，形成了好风气。

二是鼓励和支持创业。围绕景区建设发展，村集体与公司合办了砂石厂，鼓励牧民（含贫困户）积极投资购买 20 辆运输卡车，运输建筑物资，仅此一项村民就收益 30 余万元，村集体分红 5 万元；同时在帮扶部门的引导下，村上 37 户贫困户购买和饲养了 370 头牦牛，按照每头牦牛一天产 3 斤奶的标准，牧户牧民每年可实际增收 11 340 元，基本解决了 37 户建卡贫困户的脱贫问题。

三是全覆盖购买保险。公司在景区建设或运营期间，在符合国家有关部门关于购买医疗、养老保险的相关政策的前提条件下，每年出资 40 多万元为在籍的全部牧民购买农村基本养老保险和农村合作医疗保险。这一方面解决了牧民看病难、看病贵的问题；另一方面也解决了牧民养老的问题，彻底解决了牧民的后顾之忧。

11.1.4 案例启示

11.1.4.1 创新发展 全面整合

"资源变资产、牧区变景区、穷人变股民、牧民变市民"，俄达门巴村创新"四变模式"走出了一条旅游扶贫的嬗变之路。俄达门巴村真正使贫困户的"钱袋子"鼓了起来，创造出了"企业出资金、村民出资源、政府出政策"的一种全新旅游产业开发模式。

11.1.4.2 协同发展 实现共赢

康定市木雅泽朵旅游投资开发责任公司在筹建和打造景区之初，就非常注重与项目所在地的政府和农牧民搞好关系，企业依托旅游走上发展之路，村民依托旅游走上脱贫致富之路，政府依托旅游走上财政增收之路，企业、村民与政府共同依托旅游形成共赢新局面。

11.2 四川省仪陇县马鞍镇玉兰村

11.2.1 基本情况

玉兰村位于四川省仪陇县东部中心马鞍镇，地处马鞍镇朱德故里景区内。仪陇县东北部，东与柳垭镇接壤，东南与杨桥镇为邻，南连石佛乡，西邻周河镇，北接义路镇。其南距县城 59 千米、距南充市区 123 千米，北距巴中市区 100 千米，系国家重点贫困村。

11.2.2 减贫成效

玉兰村 2016 年被评为省级旅游扶贫示范村。玉兰村 2017 年集体经济总收入达 17 400 元，正式退出贫困村。目前，玉兰景区及周边建成农家乐和乡村民宿 230 余家，其中返乡农民工创业有 130 余家，户均年增收 1.5 万元以上。景区原贫困村民陈×在县财政局的帮助下开办了"琳琅人家"农家乐，现年经营收入有 10 余万元，除自家脱贫外，还帮助解决了 4 名贫困村民的就业问题。

11.2.3 主要做法

11.2.3.1 景区建设与扶贫项目建设相结合

在仪陇县实施精准扶贫的过程中，朱德故居管理局还帮扶了景区管委会所辖的 5 个农村社区。该局干部职工将工作重心全面下移、力量全面下沉，共派出 41 名干部和 4 个工作组驻村开展扶贫工作，切实解决了贫困户住房、医疗、教育、安全饮水、生活用电等具体问题。

景区在建设中优先考虑了道路、水利、燃气、电视、通信、住房等扶贫项目，同时根据群众的需要，按照标准改善旅游基础设施，改善核心地区群众的生产生活条件。2004 年以来，景区累计投资 4.6 亿元，新建、硬化道路 46 千米，建成污水集中处理设施 3 处、沼气池 1 600 余口，敷设水电气视讯管网 60 多余米，整治农房 800 余座，使得家家户户都通了便民路、喝上了干净水、用上了天然气。

11.2.3.2 景区发展与扶贫产业培育相结合

如何通过改善硬件、巩固基础来发挥景区的主导作用，促进居民脱贫致富呢？景区给出了答案：培育特色产业，建立可持续的"造血"盈利模式。

根据地理条件和自然条件，景区率先发展水果产业，采用"景区统一规划+农户管理获利"的模式，也就是说，景区购买果树、杀虫剂和肥料并出资，统一规划，由农民负责种植和管理，所有的销售收入都归农民所有。目前，景区旅游线路沿线种植枇杷、柑橘等果树有 1 500 余亩（1 亩≈666.7 平方米，下同），年产量达 15 万公斤，农民人均年收入为 3 000 多元。

景区还鼓励贫困家庭发展自己的产业，利用产业扶持资金帮助贫困家庭独立发展。为了充分利用旅游资源，景区还通过"旅游合作社+农民"的模式，发展了"B&B 合作社"和"农家乐合作社"。合作社吸收了 294 个贫困家庭。通过民宿土地租赁、资产投资、保本分红、就业收入和利润分享，每户年收入可达 2.5 万元以上。

11.2.3.3　群众就业、创业与精准扶贫相结合

就业方面。2017 年，景区组织群众开展旅游从业技能培训 1 800 余人次；优先安排贫困群众、贫困大学生在景区务工就业，通过农家乐厨师、观光车驾驶员、保安员、服务员、保洁员、解说员等公益岗位，直接解决贫困群众 287 人、贫困大学生 15 人的就业问题，间接解决 1.6 万余人、贫困群众 4 000 余人的就业问题。

创业方面。景区对有意愿、有能力在该地区发展花卉、果蔬种植等旅游相关产业的 43 户贫困户，各提供 1 万元产业扶持周转金、协调 5 万元小额贴息贷款；对发展农家乐、乡村民宿和农家超市的 61 户贫困户，采取统一规划、业主自建、部门一对一帮扶的精准扶贫方式，每户由帮扶部门落实 3 万~5 万元的帮扶资金。

11.2.4　案例启示

11.2.4.1　依托当地资源优势，"景区带动"拓宽农民就业渠道

玉兰村立足旅游资源丰富、景区开发成熟的优势，把握发展机遇，科学规划，精准定位，通过"景区带动"型发展模式不仅拓宽了农民的就业渠道，改善了农民的生产生活条件，还让"绿水青山"变成了真正的"金山银山"。

11.2.4.2　以旅游产业发展为支撑，玉兰村充分调动贫困户参与旅游经营的积极性

玉兰村以旅游产业发展为支撑，合理地带动当地村民的生产经营。一是充分发挥产业周转金和小额信贷的作用，让贫困群众以资金入股产业，免担一切风险，尽享一定红利；二是提供就业空间和更多的就业岗位，让有劳动能力的贫困群众到景区务工，增加其收入。

11.3 四川省小金县日隆镇长坪村

11.3.1 基本情况

长坪村位于四川省阿坝藏族羌族自治州小金县四姑娘山景区北面，距县城
59 千米，紧邻省道 303 线。长坪村辖区面积达 120 平方千米，平均海拔超过
3 000 米。长坪村是一个典型的高半山农业村、嘉绒藏族聚居区。长坪村是阿
坝藏族羌族自治州"三百"示范工程——精品旅游村寨建设项目，小金县将
其列为"民居旅游第一村"重点打造。随着旅游开发的不断推进，全村主要
依靠旅游服务业来带动其经济增长。2017 年，全村参与旅游接待经营的农户
达 80 户，旅游从业人员达 340 人。

11.3.2 主要做法

11.3.2.1 政府支持，大力推进基础设施建设

在贫困村旅游扶贫试点工作中，原国务院扶贫开发领导小组办公室和原国
家旅游局将长坪村列为建档立卡贫困村。在灾后重建过程中，阿坝藏族羌族自
治州将长坪村列为"三百"示范工程——精品旅游村寨建设项目，小金县又
将其列为"民居旅游第一村"重点打造。在整个旅游扶贫过程中，政府共投
入资金达 2 000 万元，以促进长坪村新村建设为基础，以顺利发展旅游业为途
径，加大旅游基础设施和公共服务设施的建设力度，提升和完善旅游扶贫重点
村道路、步游道、停车场、厕所、供水供电、标识标牌、休憩设施、应急救
援、游客信息服务等设施，切实改善长坪村旅游业发展基础设施条件。

11.3.2.2 景区带动，切实促进旅游业态发展

作为国内外户外爱好者的天堂，四姑娘山拥有圣洁雪山、原始森林、高山
草甸、缤纷彩林、秀丽野花等各种丰富的旅游资源，长坪村就坐落于四姑娘山
长坪沟和燕子沟游客中心旁，距离四姑娘山镇（日隆镇）1.8 千米、小金县城
55 千米、成都约 220 千米。长坪村在当地是宗教与民俗风情的中心，也是游
客游览长坪沟和海子沟景区的最佳住宿地。当地村民充分利用其有利地理位置
条件，积极参与到旅游接待的服务中。长坪村一组、二组地处国家级风景区
内，地理位置较高，长坪沟沟口距公路约 3 千米，游客若想前往，只能骑马或
徒步，也因此促使当地村民承担起为游客牵马的工作。在政府的引导下，村委
会成立马匹公司，马匹由公司统一管理在喇嘛寺，马匹公司从骑马收入中抽取

20%作为门票制作费用、管理人员薪资或对游客进行伤害赔付；一天结束，如果无投诉，80%费用均在当天下午给当地的牵马人员。村民三个人一个号，每个号对应一匹马，保证马匹数量不超过景区植被的承受能力。

11.3.2.3 业主引进，有效引导居民脱贫增收

长坪村大量引进外来业主，为当地村民提供了增加收入的渠道、学习管理的经验，创造了就业机会，并增大了当地的旅游吸引力。具体表现如下：

（1）社区居民从外来业主处获取租金收入。外来业主从村民手中租用房屋用作客栈或酒吧，每年交给村民租金，因房屋面积大小和地理位置等差异，租金从2万多元到20万元不等。根据双方协议，房屋租金额度绑定业主游客接待量，随着游客量的增加，租金会适当增加。转租式模式增加了社区居民家庭收入，村民有时间和精力去从事其他旅游经营活动，降低了自己经营带来的商业风险。

（2）外来业主给社区居民创造就业机会。由于海拔和气候原因，外来业主经营的客栈多聘用本地人做服务员，藏族员工的加入增强了客栈的民族文化氛围，如身着藏族服饰的员工为游客服务增添了一道可欣赏的风景线。而本地人经营的农家乐大多自己经营，不会聘用当地人，节假日旺季时也是自己一家人凑合完成，避免雇佣员工的支出。外来业主还会购买当地的土特产转卖给游客，并给游客推荐骑马、向导等能够给当地人创造经济利益的旅游项目。

（3）外来业主向当地居民传授经营管理技能。来长坪村开客栈的外地人有作家、企业家、工程师等，他们为当地村民传授了先进的经营理念。他们主动帮助当地村民改善住宿接待条件，与村民交流经营管理理念，以便其能更好地利用自家房屋从事旅游接待工作。他们成立组织，向政府提供有用的发展建议，关注长坪村的未来发展。

（4）外来业主树立游客正口碑，增大当地旅游吸引力。外地人了解游客需求，擅长营销，通过微博、微信、网站等现代化媒体对外宣传推广，吸引了越来越多的游客，从而给整个长坪村带来更多的客源，树立了良好的正口碑，赢得了美誉度。同时，当地村民大多不懂网络营销和口碑效应，而到马路边去招揽游客，让很多游客感到不适应，形成负口碑。外地人扭转了这一局面，增大了长坪村的吸引力，为社区旅游发展提供了更多的可能性。

11.3.2.4 旅游商品升级，不断延伸产业链

长坪村地处四姑娘山风景区，游客量大，游客对景区旅游商品的需求量大。当地旅游商品开发商以嘉绒藏族文化特色资源为依托，开发赋有独特优势的旅游商品，为旅游商铺提供真正体现地方特色的旅游商品，培育旅游商品企

业和品牌，形成规范化的商品市场，打造可持续的、多维的旅游商品产业链。

11.3.3 案例启示

11.3.3.1 改革引领，盘活资源

相关部门做好旅游扶贫统筹引领工作，制定相关政策和规划，筹集足够的财政专项资金；紧跟国家政策方向（依托"全国农村改革试验区"，着力推进农村土地流转和入市、集体产权制度、"两权"抵押等国家级改革试点），盘活长坪村资源资产，激活农村生产要素，有效推动旅游业发展。

11.3.3.2 融合创新，一体发展

在当今乡村旅游发展模式同质化严重的背景下，只有将乡村旅游地的特色资源进行有效重组，形成一套新的特色旅游产品，同步一体化发展，才能走出重围。农旅融合、文旅融合都是有效的方式，大力发展特色优势农产品产业，深入挖掘特色文化资源，与旅游业有效融合发展。长坪村有效融合当地丰富的旅游资源、颇具特色的嘉绒藏族文化资源和独特的农产品资源，大力促进旅游产业发展。

11.3.3.3 强化配套，做优服务

在当今追求个性化的浪潮下，旅游者在旅游中追求更多的参与性和娱乐性。因此，在旅游产品的设计和开发中，我们必须注意丰富休闲活动的安排，改变旅游方式，增强游客的参与感，将浓郁的风土人文特色与娱乐活动有效结合。长坪村以为游客牵马的优质服务、特色民俗活动的参与体验等产品，有效增大了当地旅游业的吸引力。

11.4 四川省驷马水乡景区当先村

11.4.1 基本情况

当先村位于四川省巴中市平昌县驷马镇境内，是驷马水乡旅游区的重要组成部分。当先村孝道文化深厚，在长达 3 千米的"巴山孝道"沿途建有 24 座牌坊，真正形成在全国范围内具有"唯一性、垄断性、不可替代性"的 24 孝文化长廊。当先村作为国家 4A 级景区——驷马水乡的一部分，其最大的优势也是唯一的优势就是水资源十分丰富。

当先村的经营模式是"景区带动"型，即以国家 4A 级景区驷马水乡为依托，通过景区创建和乡村旅游发展带动农村经济发展，促进村民增收，使原本

默默无名的当先村一跃成为全省仅有的两个"美丽水乡"之一。

11.4.2　主要做法

11.4.2.1　推进农村土地整治

2010 年以来，平昌县在农村土地一体化、城乡建设用地增减、地质灾害三大土地工程、特色工业园区、乡村旅游景区和新农村建设一体化的融合发展下，促进了农业和旅游业帮助农民的发展模式。其中，当先村和创举村按照"新建第一，拆迁陈旧"的模式建设了 5 个安置点，安置了 350 户村民，建成了美丽新农村。

11.4.2.2　继承发扬红色文化

在当先村的巴山新居聚居点，每家每户都有自家的家风家训，村子有村规民约，村里有不少红色文化。村里有不少人的先辈都曾是红军，村里的村民都会积极学习和继承红军精神文化。巴中是红军故乡，平昌更是根植着红色文化。红色文化挖掘是当先村乡村旅游开发的重要内容之一。

11.4.2.3　打造乡村旅游景区

平昌以亲水休闲、沿河水景、水上游乐为特色，打造了驷马水乡景区。驷马水乡景区是以湿地体验、休闲度假、观光农业、新型产业为基础的文化旅游之地，该景区以孝文化和滨水民俗为基础，建设了孝文化公园和水上游乐场。而当先村就是平昌打造的驷马水乡景区的一部分，其最大的优势也是唯一的优势就是水资源十分丰富。

11.4.3　案例启示

11.4.3.1　品牌创建——旅游扶贫抓手

一是整合力量抓创建。按照"一个重点项目一名县级领导挂包、一个部门主抓、一个专班推进"的工作机制，该地区落实了一名县委常委挂包景区建设，现场督导，具体研究解决景区建设中的困难和问题。二是激活市场抓创建。景区在开发建设中坚持市场主体、政府主导。政府在管好资源、规划、生态保护的同时，通过招商引资、回引创业、旅游扶贫等方式，把建设、经营、管理服务等推向市场。三是强化督查抓创建。该地区将创建任务细分化，实行台账管理，严格督查质量进度，落实奖惩考核，有力有序地推进创建工作。

11.4.3.2　景区建设——带动环境改善

一是围绕景区延伸路网。该地区把交通作为旅游扶贫的先手旗，以实施通乡通村工程为抓手，推进道路交通进入景区，优先建设景区环城公路，大力推进景区—城镇、景区—干线、景区—公园环路的互联互通，开辟县城到景区的旅游客车，大大改善了群众的出行条件。二是在景区周围建立新的村庄。该地区依托旅游景区新村集中点布局，以"巴山新居"工程为起点，按照"集团""小规模""田园""集中"的装修理念对传统庭院进行翻新；通过对农村贫困家庭的旧房和危房进行翻新，包括厨房、厕所、花园等，建立新的村级公共服务中心，实现"1＋6"村级公共服务中心的目标。三是巩固景区基础。该地区大力整合项目，加强重点及周边基础设施建设和景区建设，重点考虑道路、水、电和电信网络将扩展到哪里，公共服务将跟进到哪里，将如何改善农民的生产、生活条件。

11.4.3.3　农旅结合——带动产业转型

该地区充分发挥旅游业的聚合效应和撬动作用，促进第一、第二、第三产业融合发展，推动传统农业转型升级，推动农旅结合、文旅融合，夯实脱贫奔康的基础。

11.4.3.4　以旅兴业——带动增收致富

该地区坚持把乡村旅游作为创业就业载体，全方位延伸产业链条，多渠道创建就业机会。该地区实施"回引创业"工程，出台《平昌县在外人士回乡创业扶持办法》，对融资、税收、用地、水电等方面均给予了大力支持，鼓励平昌籍在外创业人员返乡参与乡村旅游项目建设。2013年，能人万×在了解了平昌乡村旅游发展政策后，毅然决定放弃厦门的产业回乡创业，一期开办了以父亲名字命名的福喜渔家农家乐。一个小小的农家乐，年收入达到了140万元。2015年6月，万×主动投入500万元在驷马镇当先村修建了"水尚玩家"娱乐场。

12 旅游扶贫路径——"能人带户"型案例

12.1 四川省泸定县柏秧坪村——"能人带户"实现旅游扶贫

12.1.1 基本情况

柏秧坪村位于甘孜藏族自治州泸定县南部磨西镇，地处贡嘎山风景区东坡、海螺沟冰川森林公园入口处，属海螺沟风景名胜区外围保护地带，距成都市约 304 千米，距泸定县城约 52 千米，距康定市约 70 千米。该村是一个汉、彝、藏多民族居聚集村，全村耕地面积达 634 亩，属于冰川气候，主要种植玉米、土豆，收入以种植为主。柏秧坪村村民多数居住在高半山，由于自然环境和交通的制约，该村一直是磨西镇经济最落后的贫困村，2015 年入选国家级旅游扶贫试点村。

12.1.2 减贫成效

七号营地是柏秧坪村 46 户人家集体入股（通过土地、资源入股）修建而成的，营业后，每年给当地村民 15% 的分红，还解决了 7 人的就业问题，每人月收入在 2 000 元左右，就业时间和方式十分灵活，非常适合当地农民群众。七号营地雇佣的都是本地人，他们的工作时间灵活，淡季在家务农，旺季来酒店帮忙，兼顾家里农业生产，同时也能获得额外的收入。另外，七号营地从当地农民手中收购了大量的山羊、土鸡、土鸡蛋、药材、木材等，为每户带来了平均每年 4 000 元的收入。七号营地的食材直接来自村民，保障了村民收入的最大化，有效地扶持了村民。随着七号营地的规模越来越大，柏秧坪村的旅游扶贫效果也更加显著。

12.1.3 主要做法

12.1.3.1 政策拉动，鼓励创业

扶贫靠产业。由于村里大多是妇女、老人和小孩，相对有劳动力的村民大多外出务工，缺乏相对有文化、有活力和有经营头脑的中青年群体，经济发展十分受限制。对此，当地政府为吸引青年、能人返乡，落实了产业扶贫资金，并且改善了基础设施，接通了水、电、天然气和网络，完成了 100 千米的道路硬化建设等。

12.1.3.2 精准扶贫，引导参与

扶贫对象精准。该地区积极引导贫困户参与旅游扶贫，首先是在思想上进行教育，转换其传统落后思想；其次是组织贫困户开展种养殖技术培训，提高其效率，增加其收入；再次是进行从业扶持，鼓励贫困户积极参与到旅游服务业中；最后是针对文化水平较低、旅游知识欠缺、服务技能水平相对低下的贫困户，由政府组织培训，提高其旅游服务接待能力。

12.1.3.3 能人带户，社区共建

能人带户，促进社区发展。为了带动全村脱贫致富，在山顶不通公路、没有水源的情况下，柏秧坪村的返乡青年陈××（阿布）开始和二组 46 户村民以集体土地入股的方式，在这里建立了若丁山七号营地，并给这座山头赋予了一个美丽的名字——若丁山。这里也被网友评为中国最适合带"女神"约会的地方，村民还在网上建立了七号营地旅游网络平台。

社区农户参与七号营地的基建，并在营地就业，而阿布经营若丁山七号营地所需的农产品（蔬菜、药材、禽肉、鸡蛋等）大多由当地农民提供。阿布的工作也得到相关部门的认可，他在 2014 年被评为"海螺沟十大创业青年"。

12.1.3.4 产品创新，通力合作

与研学公司、旅行社合作，进行产品创新。该地区把村子作为研修基地，开展研修等深度体验的旅游活动，利用研学公司、旅行社丰富的客户资源，增加若丁山的旅游人次，并为当地村民创收，带动就业。

12.1.3.5 特色资源深度挖掘，填补市场空白

充分挖掘、利用民俗文化和自然旅游资源。柏秧坪村作为彝族村落，自然风光优美，四处都是树木，植被覆盖率高，空气清新，非常适宜人居住。其地理位置相对较好，离海螺沟近，有很好的民族文化资源，且红色旅游资源也比较丰富。七号营地利用良好的旅游资源条件和稳定的客户群体，实地考察当地

的各类酒店、宾馆和客栈，发现当地95%的住宿都不能明显吸引和留住游客，且海螺沟只是一个轻度的观光旅游景点，缺乏一个能够让游客真正了解、体验少数民族地区的民风民俗、自然、传统、原始、生态的旅游产品。因此，在保持生态平衡不被破坏且可以带动周边少数民族脱贫致富的前提下，七号营地致力于打造四川第一个精品观景小木屋和川西唯一——条乡村深度体验旅游线路，让游客更好地了解少数民族地区的自然、民风、民俗、文化等。

12.1.4 案例启示

12.1.4.1 发挥返乡青年创业带动作用

七号营地的创建者阿布是柏杨坪村二组村民，14岁开始在海螺沟景区抬滑竿，后考入大学，毕业后从事过导游、户外领队、酒吧经营等工作。2009年，阿布带领4位创业青年返乡修建七号营地。创业团队租用本村二组集体林地100亩，动员46户村民和他们一起参与七号营地的建设，修建小木屋，打通5千米的公路，把水源从4千米外的地方拉到了山上，使Wi-Fi覆盖到整个山顶。阿布将长期积累的工作经验和专业知识相结合，利用本村良好的自然生态条件，分析市场需求，创新开发深度体验型旅游产品，取得了良好的效果。七号营地这一小业态发挥旅游扶贫大效益，是旅游扶贫示范项目的典型代表。

12.1.4.2 充分利用新媒体和自媒体等信息传播渠道，进行了渠道创新

阿布利用新媒体和自媒体通过饥饿营销、自我营销、故事营销等营销手段吸引外地游客，使得七号营地在网上的人气高涨。他与去哪儿网、携程网等电子商务网站合作，通过网络销售客房；在马蜂窝上写游记和攻略；在微博、微信等主流社交媒体分享在七号营地捡蘑菇、找天麻、发呆等生活情景照，阿布通过这些网络媒介将七号营地推广出去。同时，阿布将自己作为营销源，从穿着、谈吐、形象举止方面包装自己，给游客讲故事、讲经历，让游客帮忙推销自己、推销七号营地。

12.1.4.3 七号营地更精准地扶助当地村民脱贫

位于磨西镇的神汤温泉大酒店，是当地最大的酒店，员工中85%以上为本地人，但大都从事一线工作，经理级岗位的本地人较少，高层管理中几乎没有本地人；在酒店食材采购方面，绝大多数同农牧市场签合同购买。酒店虽然很愿意从当地人手中购买农产品，但因为以下原因使得酒店很少从当地人手中购买食材：酒店及其采购部一般通过协议完成采购，单个农户没有组织和单位，难以确保食品源头的安全性；酒店需求量大，本地人食品原料供给量少且分

散，不利于酒店正常采购；酒店更乐于采购市场上进行过初加工的食材，以利于节约成本。七号营地与神汤温泉大酒店截然不同的是：首先，七号营地解决了当地7位村民的就业问题；其次，七号营地从当地农民手中收购大量的山羊、土鸡、土鸡蛋、药材、木材等农产品，这些农产品原来因交通不便致使市场价值没有实现，现在村民也不用再把东西运到镇上去卖，节约了成本，增加了收益，七号营地从而达到了间接帮助当地村民扶贫的效果。

12.2 四川省通江县民胜镇鹦鸽嘴村旅游扶贫

12.2.1 基本情况

民胜镇鹦鸽嘴村位于通江县城以西3千米处，辖11个农业合作社，726户2 762人。2013年，全村有建卡贫困户124户386人。2011年，通江县打造杨柏—大兴—民胜乡村旅游环线，民胜镇鹦鸽嘴村是其中一个重要节点。借此契机，鹦鸽嘴村开始对土地资源进行整改，正式开启巴山新居建设，在此基础上还引进葡萄产业，并将葡萄产业作为全村重点发展对象。经过实地考察，鹦鸽嘴村在乡村旅游带头人熊××的引领下，成立健森葡萄种植专业合作社，采取"专业合作社+公司+大户+农户"模式，按照休闲观光农业标准，发展葡萄产业。2014年，合作社被省农委评定为"省级示范社"。2015年9月，合作社被国家旅游局评为"中国乡村旅游模范户""中国乡村旅游金牌农家乐"。

12.2.2 主要做法

12.2.2.1 返乡能人带户产业

毕业于重庆师范大学地理与旅游学院的熊××，先后在知名房地产公司任高管和化妆品公司当区域销售总管，事业风生水起时他毅然回乡创业。他创立的健森葡萄种植专业合作社，在2013年度被省农业厅休闲农业产业协会评为首批理事单位，合作社按照五星级乡村酒店标准设计建设了集体验式采摘、住宿、餐饮、自酿葡萄酒等于一体的乡村旅游度假区。熊××一个人带动了当地一个产业。

12.2.2.2 能人产业带动新村

一个产业带动了一个新村，合作社为当地百姓带来了500多个就近就业的岗位，帮助23户贫困村民脱贫致富。熊××因此被评为"四川省十大乡村旅游带头人"。

12.2.2.3 优先原则带动脱贫

制定"三个优先"原则,助 23 户贫困户脱贫。合作社按照"统一规划、统一标准、统一管理、统一销售"的原则,建立了与社员利益共享的联结机制,社员每亩土地流转保底收入为 800 元,年底二次分红(去年分红 450 元/亩),同时实行劳务返包,标准是 2 500 元/亩·年$^{-1}$。按照县委县政府"合作社要先考虑贫困户的脱贫致富"的要求,合作社优先流转贫困户的土地、优先对贫困户进行劳务返包、优先对贫困户进行技能培训。2014 年,合作社中有 23 户贫困户、92 人实现了当年增收、当年脱贫。

12.2.2.4 创新模式带动致富

创新模式,制定合理机制。合作社为扩展葡萄种植规模,让更多的农户能够通过葡萄种植脱贫致富,积极创新营销方式,在运用传统销售模式的基础上,将农业与互联网相结合,积极发展农产品电子商务,在各大电子商务平台或销售网站建立网点,既能解决产品销售渠道的建设问题,还能在一定程度上提升农产品宣传推广的力度。合作社还投资建设了川东北首条葡萄酒生产线,完善了产业链条,生产线投产后,葡萄种植面积还将扩展到 10 000 亩,再辐射带动 2 000 户农民发展葡萄产业,将其引上致富的道路上。

12.2.3 案例启示

12.2.3.1 "产业驱动+能人带户"有效结合

产业驱动是实现旅游扶贫可持续发展的关键,而产业扶贫也亟待发挥能人带户的作用。葡萄是鹦鸽嘴村的特色支柱产业,为发挥产业驱动的轮转效果,鹦鸽嘴村充分利用现有的 800 亩老果园的优势资源以及村民优秀的传统种植经验,大力发展产业扶贫。为了有效实现产业与能人的有机结合,鹦鸽嘴村按照"整村流转、劳务返包、农民入社、按股分红"的科学模式,积极实施"乡村回引"工程,最终成功回引创业人士熊××领办的葡萄产业示范园,实现整村流转土地 1 300 亩,成功组建了鹦鸽嘴健森葡萄专业合作社,使鹦鸽嘴村走上了共同富裕的道路。

12.2.3.2 发展生态旅游,吸引村民回流就地创业

在新农村建设和生态产业发展的大背景下,鹦鸽嘴村通过招商引资大力发展乡村旅游,成功引进了星级乡村酒店,开办了星级农家乐,辐射带动鹦鸽嘴村 500 多人参与乡村生态旅游和健康养老服务,致力于将鹦鸽嘴村打造成为独具特色的农旅结合城郊休闲农业示范村。

除大力发展旅游业以外,鹦鸽嘴村还通过吸引村民回流实现脱贫致富。例

如，村民李××不仅自己开办了一家农家乐，还将3亩多土地流转给了专业合作社。李××家每年的土地流转费、劳务返包加分红以及从生态旅游中获得的旅游红利等收入已经超过在外打工的报酬。因此，越来越多的村民愿意返乡参加就业，既能免除身处异乡的孤独感，还能获得更可观的报酬。据统计，2017年，鹦鸽嘴村返乡就近就业的村民就有312人，乡村的人才支柱越来越稳固。

13 旅游扶贫路径——"资产收益"型案例

13.1 四川省巴中市平昌县

13.1.1 基本情况

巴中市平昌县位于四川东北部，地处大巴山山区，曾是川陕苏区革命老区县。该地区封闭狭隘的地理环境让平昌县经济发展受到极大阻碍，是国家扶贫开发工作重点县、秦巴山区连片特困地区县和四川首批扩权强县试点县。自从国家大力推行扶贫攻坚政策以来，平昌县积极参与，开展形式多样的扶贫工作，将全县划分为六大片区，成立六大片区扶贫攻坚工作小组，因地制宜，在片区发展茶叶、巴药、花椒、核桃、莲藕、水产养殖六大特色产业，带领许多贫困村脱贫致富，努力实现贫困村民收入多样化增长，被四川省评为扶贫示范县。

平昌县在大力发展当地优势产业的同时，也大力探索将产业扶贫与资产收益扶贫相结合的新型扶贫方式，推行"合作社+农户""公司+农户""产业基地+公司（合作社）+农户"等扶贫模式。平昌县通过将扶贫专项资金、财政"支农"资金、农村集体资产和农户自筹资产等整合在一起，全部纳入股权量化范围：把财政专项扶贫资金和20%的产业扶贫项目资金平等量化到每个贫困户；将80%的产业扶贫项目资金按照2：8的比例量化到村集体和所有社员；将农民自筹资产量化到出资者，集体所有的自然资源、土地量化到拥有使用权的成员，让贫困村民获得收益保底、收益超过保底按实际收益分红的财产性收入，并且通过安排村民在合作社就业获得劳务收益，促使贫困村民在全产业链获利。在平昌县积极推进资产收益扶贫试点工作中，多个乡镇取得了斐然的效果。

13.1.2 主要做法

13.1.2.1 中心村发展"支部+合作社+贫困户"的脱贫新道路

地处平昌县粉壁乡东南部的中心村，2016 年以前有建档立卡贫困户 118户，共 412 人，是典型的贫困村。2016 年，该村紧紧围绕国家"精准扶贫"的思路，积极探索创新扶贫模式，对症下药，现如今已走出一条"支部+合作社+贫困户"的脱贫新道路。

村委会鼓励村民用土地租赁租金、土地经营承包权入股合作社，使得原先零散、荒废的土地得以充分利用，村民积极发展花椒、黄豆、中药材、水产养殖等产业。

在具体实施过程中，合作社将县扶贫专项资金 47 万元全部量化给 118 户建档立卡贫困户，将县教科体局帮扶资金与捐款 6.8 万元以及村出租山坪塘收入 3 万元量化给村集体，将县教科体局的科技扶贫项目资金 15 万元的 20%量化给贫困户，剩下的 80%则量化给非贫困户。对于将拥有所有权的土地投入合作社的农户，合作社按照平均每亩 300 元，总共 1 000 余亩 30 万元量化给他们。目前，合作社中 56%的股权属于贫困户，每人平均 1.33 股，34%的股权属于非贫困户，每人平均 0.18 股，剩下 10%由村集体所有。合作社也成立了劳务队，希望吸引当地闲散劳动力到合作社进行务工，每人每天可获得 60~80元的务工收入。通过这种多样化的形式，村民由合作社的普通成员变为合作社的股东，使自己利益与合作社整体利益挂钩，这激发了村民的热情和干劲。

在生产资料采购环节，合作社采取统一采购的方式确保生产资料的质量，并通过批量采购的方式提高自身讨价还价的能力，降低采购成本。在生产种植环节，中心村与达州市农业局、县生产力促进中心合作，邀请专家现场指导，保证生产的科学化。在销售环节，合作社采取订单农业方式发展产业，由合作社统一采取销售渠道。这样一来，就从采购、生产、销售等多个环节解决了村民的后顾之忧，让村民安心生产，积极致富。

对于销售后的利益分配问题，合作社形成下有保底、上不封顶、动态管理的利益分配方式。在保底收益的情况下，合作社根据每年的具体效益，按股份比例为贫困户分配收益。合作社与村委会共同制定精准扶贫对象收益台账，记录贫困户每年年底可以领取的扶贫收益，村委会根据贫困对象的贫困原因和家庭实际情况进行动态管理。

中心村走出的这条"支部+合作社+贫困户"脱贫新道路，将积极带领中心村贫困村民脱贫致富，同时也给其他贫困村提供了宝贵的借鉴经验。

13.1.2.2　五支村村民喜迎第一笔分红

2016 年 5 月，兰花镇五支村以平昌县政府提出的资产收益扶贫方案为总指导，结合当地自身实际情况，将扶贫资金入股到村集体经济，形成"村集体+合作社+农户"的发展模式，建立了当地第一个专业合作社——自生源养殖合作社。该合作社由回乡创业的周××担任董事长，主要进行美国黑种土杂鸡养殖。建立初期，合作社投入资金 100 万元，五支村以 12 万元扶贫资金入股合作社，获得合作社 600 股股份，每股 200 元。对于这 600 股股份，五支村决定首先将其中的 70%分配给 112 户贫困户，每户持股 3.75 股；其次将其中的 20%分配给全村 726 户村民，每户持股 0.17 股；最后将其中的 10%作为村集体持股，一共为 60 股。分配利润按照大户周××51.3%和村民 48.7%分配。

为了保证利益分配的公平性，合作社还成立了理事会和监事会对其进行监督，实行保底分红、每年三次分配的原则。2016 年 8 月是合作社成立以来的第一次分红，兰花镇党委书记、镇长、分管领导和待分配收益的村民都出席了本次大会。据了解，合作社本次出栏的鸡共有 2 331 只，每只利润有 30 元，合计 69 930 元。其中，董事长周××分得 35 874 元，112 户贫困户每户分得 208元，五支村全体 726 户村民每户分得 10 元，村集体分得 3 500 元，村集体和农户共计分得 34 056 元。在分配大会上，当地村民亲自体会到了资产收益扶贫带来的好处，一年什么都不用干就可以获得上千的收益分红，再加上自己在合作社的务工收入，早日脱贫愿望的实现已经不远，各个心里都乐开了花。

13.1.2.3　枫香村积极探索股权量化之路

平昌县枫香村的资产收益扶贫正如火如荼地进行着。村里通过整合 14.8 万元专项扶贫资金和 138 万元财政"支农"资金，入股顺枫种养合作社，合作社以每股 1 000 元将股份量化到全体村民。该合作社的股权归集体所有，收益按持股人股数进行分配。当地政府将 14.8 万元专项扶贫资金和 138 万元财政"支农"资金的 20%量化为 424 股优先股，平等分配给 212 个贫困人口，将剩下的 80%的财政"支农"资金量化为 1 040 股普通股，再按照 2∶8 的比例分配给村集体和所有村民。合作社承诺如果当年发生亏损或者没有实现盈利，按照 5 年期贷款基准利率 4.9%为标准分配给贫困户 139.65 元，一般村民 41.65 元的固定收益。

为了促进合作社更好地运作，枫香村聘请了专业职业经理人。在专业职业经理人的带领下，合作社的产品不愁没有销路，早早就与成都买家签订了收购协议，保证了合作社的收益。此外，为了控制合作社的管理风险，枫香村专门成立了监事会，由青凤镇派出的专门会计、枫香村纪检组长、村民代表、贫困户代表联合组成。村民将自己所挖作物斤数与合作社卖出的斤数对比，自然清晰明了，保证了账目的公开透明，避免了村民与合作社的利益矛盾。对于自然风险和市场风险，合作社聘请专家进行全程指导，并结合枫香村当地的地理生态环境和外部市场环境，谨慎选择合作社种植、饲养的作物。同时，通过购买1万元农业保险，枫香村大大降低了收益的不确定性，为当地村民获得稳定而持续的收益提供了保证。

在进行了首次资产收益扶贫探索后，枫香村尝到了甜头，又建立七彩林业基地。通过将村里的1 000多亩山林、13口塘库进行股权量化，吸引能人承包经营，鼓励当地村民入股方式多样化，以此获得更多的收益分红。

在过去，枫香村还被评为平昌县资产收益扶贫试点村，通过扶贫资金撬动其他资金，实行股权量化，按股分红，让当地贫困村民坐享财产性收益，扩宽了群众的增收道路。

13.1.3　案例启示

13.1.3.1　找好旅游企业"合伙人"

在选择资产收益扶贫主体时，即选择合作旅游企业时，应选择公司结构完善、财务管理完善、经济实力较强且经营状况良好、乐于扶贫助困的旅游企业、集体经济组织以及合作社等，注意从源头上规避风险。

13.1.3.2　注重形成物化资产

资产收益扶贫型做法鼓励优先将资金用于固定资产投资、购买旅游事业发展所需的生产资料等，形成一笔可以核查、可以监督的物化资产。对于利用国家的财政资金开展贴息、担保、风险补偿等措施时，应该将其"放大"之后，再用于资产收益扶贫，谨慎研究该模式运作可能带来的风险。

13.1.3.3　强化风险意识，加强风控措施

实施资产收益型政策时，案例地应该及时发现并纠正工作中出现的苗头性问题，解决趋向性问题，杜绝出现区域性的风险，这样的风险规模性较大，应从一开始就注意。同时，也应该鼓励实施主体购买相关的商业保险，降低经营风险，增强履约偿付能力。

13.2 四川省宜宾市兴文县

13.2.1 基本情况

兴文县总人口约 49 万人,是四川省少数民族地区的待遇县,同时也是省扩权强县试点县、革命老区县。全县共辖 15 个乡镇,237 个行政村。通过精准识别,全县登记建档立卡贫困人口有 14 447 户,共 53 565 人。自扶贫攻坚以来,全县的贫困人口已经由 2012 年年初的 84 358 人,减少到 2017 年年底的 16 858 人,扶贫总人数达到 67 500 人。贫困发生率已经从 2012 年年初的 20.53%,下降到 2017 年年底的 3.9%。2018 年,兴文县将完成 11 000 人次的贫困退出任务。近年来,兴文县累计投入 1 364 万元,用财政资金开展了 17 个股权量化资产收益试点项目,形成 1 283.4 万元的股权量化资产,惠及贫困家庭 938 户,共 2 814 人。2017 年,全县拥有股权的贫困户股东分红达 69.2 万元,平均分红 738 元,贫困户总收入超过 3.3 万元。

13.2.2 主要做法

13.2.2.1 择优选准产业,找准实施载体

在产业选择方面,兴文县关注整个县的农业发展方向,根据市场需求的原则,同时满足有经济效益、农民广泛参与两个条件,将资产收益扶贫项目放在了当地肉牛、黑鸡、黑猪、猕猴桃等特色优势产业上。在实施经营主体的选择上,兴文县严格按照"运行状况良好、有社会责任担档、履行合同能力强、管理能力佳"的标准进行选择,以推动贫困人口摆脱贫困,增加他们的收入。同时,兴文县明确了专业合作社与参股贫困户之间的责任、权益关系,有效保障了参股各方的合法权益,调动了各方的积极性。此外,兴文县还在贫困村中大力寻找、挖掘民间手工艺品的制作人才,想以此指导、提升农产品的品质,在景区指定摊点进行统一售卖。兴文县将富有其地域特色的竹编、草编等手工艺品以及方竹笋、山地乌骨鸡等特色农产品包装成为特色旅游商品,依托兴文县的电商产业园,发展电子订单农业,让贫困户足不出户就能增收,将包装好的农特产品销往各地,帮助当地种养殖户发家致富。

13.2.2.2 发挥股权作用,实现三方获益

一是保证专业合作社有收益。专业合作社可以通过实施资产收益扶贫项目解决资金缺口问题;同时,政府会给予相应的补贴,使专业合作社在推动贫困

户脱贫的同时，还可以不断扩大产业规模。二是保证贫困户有收益。专业合作社的贫困户可以得到三种收益，包括基本收益、按股分红、经营性收入。基本收益是指专业合作社会按照年息5%~6%的标准向贫困家庭支付基本收益；按股分红是指在专业合作社的年末总收益中，扣除贫困户股金5%年息的基本收益、社内经营成本、集体公益金之后，剩余部分可以进行按股分红；而经营性收入是指有劳动能力的贫困户通过参与合作社产业经营取得的收入。三是确保农村集体利益。兴文县实行"村集体+村办公司+独家合作社+农户""股本+分红"的模式，在保护贫困户利益的同时，发展村集体经济。

13.2.3 案例启示

13.2.3.1 制定支持政策，明晰"惠农"路径

各地应明确试点项目实施主体，强调设置股权、分配收益等内容，有针对性、箭头性地指导并规范资产收益扶贫的工作行为。此外，各地还应进一步细化相关部门、乡镇的职责分工和任务部署，确保各项任务的落实。牵头部门更应该对实施方案的审批流程进行严格把关，必须牢抓财政资金使用等关键环节，以此提高项目实施的质量，确保贫困户在这一过程中稳定增收。

13.2.3.2 整合资源，壮大产业规模

各地可以通过财政"支农"项目进行资产收益扶贫试点，实现专业合作社的规模化、标准化、科学化发展。专业合作社可以充分利用财政涉农资金，调动参股农户的积极性，使其参与旅游产业建设。另外，专业合作社还应培训专业人才，提高旅游农特产品、工艺品的质量和水平，适度扩大生产规模，降低生产成本，保证产业利润的上升，从而使贫困户在按股分红中得到更多红利。

13.3 四川省广元市苍溪县

13.3.1 基本情况

苍溪县位于四川盆地北缘，大巴山南麓，长江上游嘉陵江中段，东接南江县、恩阳区，南邻阆中市，西靠剑阁县，北连旺苍县，西北与昭化区接壤。县境东、西最长约70.5千米，南、北最宽约61.6千米，辖区面积达2 333.62平方千米，辖39个乡镇、718个村、87个居委会。苍溪县是国家现代农业示范县，全国休闲农业与乡村旅游示范县，中国雪梨之乡，中国红心猕猴桃之乡，

嘉陵江中游重要的生态屏障。

2014年，苍溪县被列入旅游重点扶贫名单，其中禅林乡青山观村、云峰镇狮岭村、云峰镇云台村、唤马镇彭城村、陵江镇红旗桥村、元坝镇将军村、石门乡文家角村、永宁镇兰池村、亭子镇大营村9个村被列入全国旅游扶贫重点村。2015年，云峰镇云台村被列入全国旅游扶贫试点村。2016年，苍溪县获授省级旅游扶贫示范区，苍溪县五龙镇三会村、旺苍县彭城乡关口村、剑阁县剑门关镇桂花村、青川县大坝乡大坝村、利州区大石镇青岭村、昭化区大朝乡牛头村、朝天区马家坝乡七一村等17个村创建成省级旅游扶贫示范村。2017年，苍溪县创成全省旅游扶贫示范区，接待游客600多万人次，实现旅游收入达36亿元。

13.3.2 主要做法

13.3.2.1 "四保三分红"带动贫困户增收

苍溪县引进和培育了龙头企业共7家（包含上市公司1家），共培育124家农民专业合作社、581个家庭农场，实施"四保三分红"措施。其中，"四保"是指保证土地租金、保证农户就近务工、保证贫困户零投入创业、保证产品订单收购；"三分红"是指销售利润二次返利分红、贫困户到户扶持资金入股企业经营底分红、果品保鲜存储增值分红。该措施共带动2.5万贫困人口年人均增收3 000元以上，取得了显著的扶贫成效。

13.3.2.2 "盘活资金+盘活资产+盘活资源"

"盘活资金"指的是苍溪县探索财政"支农"资金股权量化改革，按照1：2：7的比例，折股分配给村集体组织、合作组和农户，亮点是对贫困户设置扶贫优先股，由新型经营主体在年终进行按股分红的模式，分发红利。"盘活资产"指的是苍溪县推进农村集体资产股份制改造试点，将农村存量闲置的资产进行统筹整合，累计盘活资产1.1亿元，县里的试点村贫困户人均受益达到150元。"盘活资源"指的是苍溪县大力开发"四荒"土地资源，开始发展现代农业，结合当地气候优势发展种植园区，种植红心猕猴桃2.5万亩，贫困户人均获利115元。通过旅游扶贫，苍溪县被建成大花园、大果园、大公园、大家园，在全域范围内实施扶贫带动，形成全产业链旅游服务，也让旅游惠及了更多贫困户。

13.3.3 案例启示

13.3.3.1 "农业+旅游"

苍溪县有很好的自然生态资源，其农业产业基础雄厚，借助于苍溪红心猕猴桃等优势产业，打造了以苍溪猕猴桃为主题文化的"春赏花，夏避暑，秋品果，冬观雪"乡村休闲旅游产业带，打响了休闲农业与乡村旅游品牌。苍溪县共建成全国农业旅游示范点 1 个、省级乡村旅游示范镇 5 个、省级休闲农业与乡村旅游园 16 个、省级乡村旅游示范村 12 个，将乡村民俗文化、田园农耕文化与旅游产业进行了有机融合，创新培育"特色园区+乡村旅游"新业态，使得贫困户可以从旅游中获得股份分红，保证贫困户增收快、增收稳。

13.3.3.2　与产业扶贫模式有效对接

苍溪县将资源优势发展为产业优势，使得资产收益扶贫模式从以往简单的"卖资源"逐步转化为"共同分享资源"，探索出了一条新的有效路径。这也为各地探索旅游资产收益扶贫模式提供了宝贵的经验：在扶贫项目实施的过程中，最好是与当地优势产业扶贫相结合，以规避资源市场价格波动带来的不稳定因素，确保贫困户能从中获得稳定的分红和收益。

14 旅游扶贫路径——"合作社+农户"型案例

14.1 四川省冕宁县复兴镇建设村——凉山彝族自治州的"华西村"

14.1.1 基本情况

冕宁县复兴镇建设村又被称作"凉山'华西村'",位于县城东南部5千米,辖区面积达7.6平方千米,全村辖5个村民小组、483户、1 804人,耕地面积达2 130亩,属亚热带季风气候,年均气温有14℃,降雨达1 102毫米,日照为1 957个小时,无霜期达235天,雨量充沛,土地肥沃,天然草场广阔。冕宁县区位独特,地处凉山彝族自治州北部,县城距离成都有470千米,距离西昌有80千米,交通条件较好,G5京昆高速、成昆铁路、G108国道纵贯全境。

复兴镇建设村是冕宁县新农村建设的示范村。多年来,复兴镇充分发挥群众的主体作用,创新经营模式和生产组织形式,按照民居适度规模、产业支撑有力、基础设施完善、公共服务配套、生态环境优美、管理科学民主的要求分步实施新农村建设,使建设村成为冕宁县社会主义新农村建设的领头羊,其被誉为冕宁县最美的乡村。

14.1.2 扶贫成效

再落后的地方只要找到一条合适的发展道路,就不会一直沉寂下去。21世纪初的建设村,是以农业为主的小村庄,农民过着春种秋收的生活,收入来源少,生活水平低下,文化生活极其单一,是有名的"穷窝""闹事窝"。2010年3月,农民专业合作社成立,共3个下辖合作社:种植专业合作社、养殖专业合作社和投资专业合作社。合作社将1 200亩地收入麾下,并在保证每亩收入不低于 1 000 元的情况下与农户签订 10 年合同。实际情况是，市场越做越大，合作社经营越来越好，每亩收入逐年增加。2010 年，建设村更是投资100 万元给村庄"大换脸"，村庄环境越变越美，建设村也因此被评为"全省乡村生态观光农业示范村"。为大力发展生态观光，建设村投资建筑面积近2 500 平方米的乡村酒店；为改善基础设施，建设村还投资建设 200 余万元的农家超市。2011 年，村里文化活动也丰富起来，建设村又投资 60 万元新建活动广场，村里大小文化活动的举办又有了更广阔的场所。旅游业成为建设村产业收入中的一个崭新的增长点。

2010 年，建设村拥有了"四川省五十百千示范工程示范村"的称号；2011 年，建设村被评为"全州、全省先进基层党组织""全州社会主义新农村建设示范村"；2012 年，建设村被评为"全国创先争优先进基层党组织"；2014 年，建设村被确定为国家 3A 级风景区；2015 年，建设村全村人均纯收入达 20 700 元；2016 年，建设村入选第三批国家级美丽宜居示范村；2017 年，建设村农民人均纯收入突破 22 000 元；2018 年，建设村入选四川十佳产业兴旺村。目前，建设村共建有 12 家乡村旅店和 8 家农家乐。

14.1.3　主要做法

14.1.3.1　别墅洋楼美丽画卷

建设村于 2010 年启动新村建设，是冕宁县首个新农村综合体。建设村统规统建三期民居 186 套 40 920 平方米，实施道路硬化 4 千米，复兴堰三面光3.3 千米，河堤整理 1.7 千米，水管架设 18 千米，路灯安装 136 盏，自来水安装 483 户；建成村民活动中心、安宁河彩虹大桥、文体广场、清水游泳池等设施。建设村修建的别墅是红瓦白墙的，一排排坐落在村庄；建设村种植的山林瓜果是飘香的，一片片沁人心脾。新农村美丽画卷映入眼帘。近 200 平方米的双层别墅，雕花螺旋楼梯，水晶吊灯，整体橱柜，精美装饰。合作社鼓励和指导村民将小洋楼改造为乡村旅馆或农舍，由合作社统一提供服务。2014 年12 月，建设村高分通过国家级 3A 级旅游景区的检查评定。为了让更多的游客来到建设村进行乡村旅游，近几年来，每到樱桃采摘季或"十一"黄金周，复兴镇的领导干部都会带着村里的年轻姑娘们身着彝族服装，来到 G5 京昆高速的服务区进行宣传，招揽游客。

目前，《建设村旅游总体规划及核心区控制性详细规划》已经完成。不久的将来，建设村将成为以农田、台地、山林、村落为主要依托载体，以滨水休闲、乡村体验、运动、康养、度假为主要旅游产品取向，以南丝路、邛都、农耕文化、民俗为主要文化元素的乡村休闲度假旅游精品村，并依托特色农产品生产和原生态田园风光，大力发展生态观光旅游业。

14.1.3.2 万亩基地樱桃盛宴

冕宁县复兴镇的樱桃以色泽殷红、果肉细嫩多汁、肉多核小、口感嫩滑，以及富含蛋白质、游离氨基酸、糖分、矿物质和其他多种维生素而闻名，素有"春果第一枝"之称，是果品中的精品，以味道甜美而享誉凉山彝族自治州。每到四月，十里樱桃走廊都会揭开神秘的面纱，敞开心扉，欢迎来自四面八方的游客。一个新的文明村庄的建设写出了幸福的篇章，闪亮的樱桃、纯净的农场菜肴、春风吹拂着新村庄的庭院、简单而热情的村民形成了最美丽乡村的自然画卷。近年来，复兴镇的樱桃受到越来越多人的青睐，樱桃种植规模不断扩大。目前，复兴镇已经形成了一个面积超过 6 000 亩的樱桃基地。因此，它有着"十里樱桃走廊，万亩水果基地"的美誉。

14.1.3.3 土地流转产业兴旺

2010 年，时任村书记金宏源探索了"农民+合作社+农民"的土地流转新模式。其通过土地、产业和资本的复合循环，增强了"自我造血功能"，农民专业合作社在建设村中非常重要，下辖种植、养殖、投资开发等公司，以形成一个集生产、加工和销售于一体的产业服务体系，建成蔬菜大棚 120 亩、优质核桃园 800 亩、优质水果基地 1 800 亩、存栏 2 000 头生猪的集约化养殖场。

2010 年，建设村成立了农村合作组织，确定了"现代农业+村办企业+农村生态旅游"的发展路径。当时，合作社已在村里动员 400 多户的分散土地2 000 多亩，投入 240 万元进行综合整治和产业结构调整，建成蔬菜大棚 200 多亩、优质果品基地 1 000 多亩、优良农场 6 000 多个，土地收入增加为原先的15 倍。2010 年 5 月，村民自愿参股筹集资金 2 700 万元，参与三和电站建设，分红 200 多万元。为应对水电开发热潮，全村投资 6 700 万元建设长兴电站、金洞子水电站、龙家沟水电站、沙市宁发厂、大型机械租赁公司、运输公司和劳务公司等。

14.1.4 案例启示

建设村以建设美丽、富饶、文明、和谐的安宁河谷为契机，依托国家级新农村示范村建设，逐步实现村民致富，使村庄变得更加美丽。这给我们的启示有以下 4 个：

一是在乡村旅游的开发过程中，成功的关键在于村民的短期利益与开发商的长期利益能够很好地协调和对接。村民比较关注于短期利益，如土地流转的钱，而开发商因为旅游项目的开发回收期一般比较长，不可能在短期一下子拿出很多钱来，需要考虑长期的投入。

二是旅游业具有"一业兴旺，百业兴旺"的特点。旅游业的发展可以把旅游六要素转化为对贫困地区相关产业的整体拉动，带动一个地区的经济社会发展，使农村旅游业良好发展，加强辐射效应。该村旅游消费需求强劲，将带动周边地区的配套产业，促进周边地区村民的就业率和收入增长。同时，该村的游客也会向旅游资源相似的地区扩散，形成当地较大的旅游集中区。

三是充分调动贫困户的积极性。相关部门不仅要深入开展思想工作，了解群众需求，还要培育一批科学技术人才，为种植业、养殖业提供更好的发展空间。

四是旅游扶贫要依托当地资源优势。相关部门要充分挖掘当地的资源优势，积极探索出适合当地发展的旅游扶贫模式，即特色资源开发模式、土地流转模式等。

14.2　四川省渠县万寿乡灵感村旅游扶贫

14.2.1　基本情况

灵感村属省定贫困村和省级旅游扶贫示范村，位于渠县北面，距县城18千米，辖区面积有 3.1 平方千米。全村森林覆盖率达 75%，水资源丰富，共辖 7 个社、346 户、1 329 人，其中建档立卡贫困户有 74 户 227 人。2015 年10 月，灵感村引进四川博舜农业发展有限公司，以禅意文化为背景，以徽派建筑为特色，依山就势，建成了如今的碧瑶湾。碧瑶湾主要建成有游客接待中心、碧瑶大酒店、碧瑶酒庄、碧瑶湖、定慧湖、文化廊桥、欧式婚纱摄影基地、生态花海、灵感洞寺、湿地公园、康养中心、大型游乐场、停车场等旅游服务配套设施。2018 年以来，该村接待游客 57.2 万余人次，经营收入突破1.7 亿元。

近年来，灵感村为全面贯彻落实渠县县委第十三次党代会精神，提升渠县旅游发展质态，壮大区县旅游产业，做强渠县旅游经济，围绕"农业景观化、景观生态化、生态效益化"的理念，积极探索"农旅+"模式，以"农业产业+乡村旅游"为核心，结合"山青、水秀、田园美"的自然生态优势，以徽派建筑和山水田园文化为主题，以文创为特色，把农业发展与生态、旅游、文化、新村建设有效结合，促进农业发展方式转型升级，推进三次产业融合发展，建成集休闲观光、旅游度假、特色养殖、科普教育于一体的田园综合体，形成了一条特色旅游发展脉络，实现了精准稳定脱贫。

14.2.2 主要做法及案例启示

渠县灵感村的案例主要给出了三个启示，即依托本土资源优势，充分发挥金融工具作用；充分调动贫困户参与；坚持村企联动发展。

首先是依托本土资源优势，充分发挥金融工具作用。渠县灵感村挖掘当地资源优势，积极探索出了"支部+企业+专合社+贫困户"的金融扶贫政策，使农户以山林、土地等生产资源作价入股旅游产业尽享红利，借助企业力量，推动结构调整，与企业形成抱团发展，形成支柱产业，推动脱贫奔康。

其次是充分调动贫困户参与。其主要有两个方面的行动：一是充分发挥产业周转资金和小额信贷的作用，让贫困群众以资金入股产业，免担一切风险，尽享一定红利；二是让有劳动能力的贫困群众到产业园区就近务工，实现增收脱贫。

最后是坚持村企联动发展。灵感村借助企业力量，实现企业与农村的优势互补和生产要素的优化配置，促进企业与贫困户共同发展、互惠互利。

参考文献

魏宏森，曾国屏，1995. 系统论的基本规律 [J]. 自然辩证法研究 (4)：22-27.

杨振之，1997. 旅游资源的系统论分析 [J]. 旅游学刊 (3)：48-52，61.

刘纬华，2000. 关于社区参与旅游发展的若干理论思考 [J]. 旅游学刊，15 (1)：47-52.

顾新，2002. 区域创新系统论 [D]. 成都：四川大学.

贾生华，陈宏辉，2002. 基于利益相关者共同参与的战略性环境管理 [J]. 科学学研究 (2)：209-213.

刘向明，杨智敏，2002. 对我国"旅游扶贫"的几点思考 [J]. 经济地理 (2)：241-244.

周歆红，2002. 关注旅游扶贫的核心问题 [J]. 旅游学刊 (1)：17-21.

陈宏辉，2003. 企业的利益相关者理论与实证研究 [D]. 杭州：浙江大学.

郭清霞，2003. 旅游扶贫开发中存在的问题及对策 [J]. 经济地理 (4)：558-560.

丁焕峰，2004. 国内旅游扶贫研究述评 [J]. 旅游学刊 (3)：32-36.

邓小艳，2004. 创新西部旅游扶贫开发环境 [J]. 民族经济与社会发展 (11)：12-13.

段红艳，2004. 欠发达地区旅游资源开发的战略选择：从比较优势到竞争优势 [D]. 武汉：武汉大学.

邱云美，2004. 社区参与是实现旅游扶贫目标的有效途径 [J]. 农村经济 (12)：43-45.

孙九霞，保继刚，2004. 社区参与的旅游人类学研究：以西双版纳傣族园为例 [J]. 广西民族学报 (6)：128-136.

张伟，张建春，魏鸿雁，2005. 基于贫困人口发展的旅游扶贫效应评估：以安徽省铜锣寨风景区为例 [J]. 旅游学刊 (5)：43-49.

邓小艳，2006. 浅析西部民族地区选择旅游扶贫方式的理论支点 [J]. 湖北经济学院学报（人文社会科学版）(1)：60-61.

王宁，2006. 消费者增权还是消费者去权：中国城市宏观消费模式转型的重新审视 [J]. 中山大学学报 (6)：100-106.

漆明亮，2006. 社区参与旅游扶贫及模式研究 [D]. 成都：西南财经大学.

曾本祥，2006. 中国旅游扶贫研究综述 [J]. 旅游学刊 (2)：89-94.

陈一壮，2007. 论贝塔朗菲的"一般系统论"与圣菲研究所的"复杂适应系统理论"的区别 [J]. 山东科技大学学报（社会科学版）(2)：5-8.

励如萍，2007. 基于利益相关者的慈溪无照经营治理模式研究 [D]. 上海：同济大学.

马耀峰，白凯，2007. 基于人学和系统论的旅游本质的探讨 [J]. 旅游科学 (3)：27-31.

保继刚，孙九霞，2008. 雨崩村社区旅游：社区参与方式及其增权意义 [J]. 旅游论坛，1 (1)：58-65.

丰志美，2008. 旅游扶贫的理论研究以及在四川应用的实证分析 [D]. 成都：西南交通大学.

王丽，2008. 基于系统论的旅游扶贫动力机制分析 [J]. 商业经济 (9)：111-112，115.

张南峰，2008. 多元系统论中的规范概念 [J]. 外国语 (5)：64-71.

左冰，保继刚，2008. 从"社区参与"走向"社区增权"：西方"旅游增权"理论研究述评 [J]. 旅游学刊 (4)：58-63.

盖媛瑾，陈志永，况志国，2009. 天龙屯堡与郎德苗寨乡村旅游社区经济增权比较研究 [J]. 贵州农业科学，37 (10)：212-217.

孙晓，2009. 利益相关者理论综述 [J]. 经济研究导刊 (2)：10-11.

左冰，2009. 旅游增权理论本土化研究：云南迪庆案例 [J]. 旅游科学，23 (2)：1-8.

郭文，黄震方，2010. 乡村居民参与旅游开发的轮流制模式及社区增权效能研究：云南香格里拉雨崩社区个案 [J]. 旅游学刊 (3)：76-83.

胡赤弟，田玉梅，2010. 高等教育利益相关者理论研究的几个问题[J]. 中国高教研究 (6)：15-19.

贾婷婷，2010. 民族乡村社区参与旅游发展研究：以德夯苗寨为例 [D]. 北京：北京林业大学.

刘蕊，2010. 清江流域旅游扶贫可持续发展战略与评价研究 [D]. 武汉：

中国地质大学.

田润乾，2010. 基于旅游扶贫的社区参与研究［D］. 开封：河南大学.

翁时秀，彭华，2010. 权力关系对社区参与旅游发展的影响：以浙江省楠溪江芙蓉村为例［J］. 旅游学刊（9）：1-57.

崔现海，2011. 山东省乡村旅游发展问题研究［D］. 泰安：山东农业大学.

常绍舜，2011. 从经典系统论到现代系统论［J］. 系统科学学报，19（3）：1-4.

李慧，2011. 浅谈绿色行政利益相关者的界定：以米切尔方法为例［J］. 安徽农学通报，17（8）：75-76.

张秋来，2011. 利益相关者管理对企业财务绩效的影响研究［D］. 武汉：华中科技大学.

保继刚，左冰，2012. 为旅游吸引物权立法［J］. 旅游学刊，27（7）：11-18.

陈娟，刘阳，车慧颖，2012. 增权理论视域下海岛社区参与旅游研究：以青岛市海岛社区为例［J］. 中国渔业经济（4）：110-117.

郭华，2012. 增权理论视角下的乡村旅游社区发展：以江西婺源李坑村为例［J］. 农村经济（3）：49-53.

路遥，等，2012. 壮大集体经济实力拉动社区文明建设：丽江玉湖村旅游合作社发展之路［J］. 湖北经济学院学报（人文社会科学版），9（1）：38-39.

刘涛，2012. 乡村旅游专业合作社发展研究：基于莱芜城岭村和房干村的案例分析［J］. 社会科学家（1）：77-81.

罗芬，方妮，周琴，2012. 内生式乡村旅游发展中的行动者解读研究：以长沙市桃花岭村"农家乐"为例［J］. 中南林业科技大学学报（社会科学版），6（6）：14-18.

史为磊，2012. 也谈中国农村扶贫开发的策略选择［J］. 内蒙古农业大学学报（社会科学版）（4）：32-34.

王亚娟，2012. 社区参与旅游的制度性增权研究［J］. 旅游科学（3）：18-26.

左冰，2012. 社区参与：内涵、本质与研究路向［J］. 旅游论坛，5（5）：1-6.

海尔穆特·库齐奥，张玉东，2013. 动态系统论导论［J］. 甘肃政法学院学报（4）：40-47.

李云，2013. 社区参与旅游扶贫研究：以湖北省通山县西泉村为例［D］. 金华：浙江师范大学.

罗平波，2013. 企业社会责任视角下矿区企群利益冲突问题研究［D］. 昆明：云南财经大学.

唐博，2013. 利益相关者理论视角下旅游扶贫共同参与模式研究［D］. 重庆：重庆师范大学.

王会战，2013. 旅游增权研究：进展与思考［J］. 社会科学家（8）：87-90.

王南方，2013. 山东省乡村旅游现状与发展策略研究［D］. 济南：山东大学.

杨艳艳，2013. 基于利益相关者视角的 SWOT 分析法研究［D］. 开封：河南大学.

周华伟，沈伟雄，2013. 社区参与理论渊源探讨［J］. 价值工程（30）：326-328.

邓维杰，2014. 精准扶贫的难点、对策与路径选择［J］. 农村经济（6）：78-81.

李娟，马长海，2014. 乡村旅游扶贫研究：以河北省涞水县为例［J］. 环渤海经济瞭望（2）：45-47.

孟铁鑫，2014. 我国乡村旅游合作社建设存在的问题及发展对策［J］. 江苏农业科学，42（3）：421-422.

牛君仪，2014. 乡村旅游转型升级与新型农业经营主体培育［J］. 农业经济（9）：43-45.

王乐，2014. 山东省乡村旅游发展模式研究［D］. 青岛：中国海洋大学.

张国强，2014. 教育政策中的利益相关者及其博弈逻辑［J］. 河北师范大学学报（教育科学版）（2）：92-96.

陈巧云，黄建宏，2015. 乡村旅游利益相关者研究综述［J］. 旅游纵览（下半月），12（23）：33-34.

邓小海，曾亮，肖洪磊，2015a. 我国扶贫旅游产业链优化研究［J］. 世界地理研究，24（3）：167-175.

邓小海，曾亮，罗明义，2015b. 精准扶贫背景下旅游扶贫精准识别研究［J］. 生态经济，31（4）：94-98.

黄杰，贺振华，2015. 利益相关者理论及其在社会稳定风险评估中的运用［J］. 党政研究（5）：88-95.

蒋志勇，2015. 西部民族地区旅游驱动型城镇化发展研究：基于区域比较优势和竞争优势理论的分析［J］. 广西民族研究（5）：157-163.

李会琴，等，2015. 国外旅游扶贫研究进展［J］. 人文地理，30（1）：26-32.

陈昕，马健，2016. 利益相关者识别差异实证研究［J］. 商业经济研究（20）：111-114.

胡柳，2016. 乡村旅游精准扶贫研究 ［D］. 武汉：武汉大学.

李裕瑞，等，2016. 我国实施精准扶贫的区域模式与可持续途径 ［J］. 中国科学院院刊，31（3）：279-288.

李艳慧，2016. 基于利益相关者感知的自然保护区环境政策可持续性研究 ［D］. 上海：上海师范大学.

王介勇，陈玉福，严茂超，2016. 我国精准扶贫政策及其创新路径研究 ［J］. 中国科学院院刊，31（3）：289-295.

王顺姣，2016. 乡村旅游合作社公共品牌治理研究 ［D］. 重庆：西南政法大学.

吴琦，2016. 丽水市社区参与旅游扶贫模式研究 ［D］. 南昌：江西财经大学.

陈燕燕，2017. 六盘水市乡村旅游扶贫政策执行研究 ［D］. 昆明：云南大学.

刘军胜，马耀峰，2017. 基于发生学与系统论的旅游流与目的地供需耦合成长演化与驱动机制研究：以西安市为例 ［J］. 地理研究，36（8）：1583-1600.

屈小爽，2017. 旅游合作社对乡村旅游的影响研究：基于社区自组织能力建设的视角 ［J］. 世界农业（9）：163-170.

谢清丹，2017. 苍溪县旅游扶贫模式研究 ［D］. 成都：成都理工大学.

王恒，吴锦潇，2017. 全域旅游背景下的社区参与模式研究：以大连旅顺口区为例 ［J］. 河北科技师范学院学报（社会科学版）（3）：28-32.

汪三贵，梁晓敏，2017. 我国资产收益扶贫的实践与机制创新 ［J］. 农业经济问题，38（9）：28-37，110.

银元，2017. 四川省乡村旅游合作社发展现状及对策研究 ［J］. 四川行政学院学报（4）：81-85.

叶晨曦，2017. 我国乡村旅游扶贫模式与发展策略 ［J］. 改革与战略（10）：149-151.

张帅，2017. 青海旅游景区利益相关者协调发展研究 ［D］. 西宁：青海大学.

詹岚，钟荣凤，吕群超，2017. 基于社区参与的闽东乡村旅游扶贫对策优化研究 ［J］. 宁德师范学院学报（哲学社会科学版）（4）：29-33.

戴碧涛，张景，2018. 农村集体产权制度改革与扶贫工作中的精英俘获成因及治理 ［J］. 农业经济（7）：40-42.

方世敏，王海艳，2018. 基于系统论的农业与旅游产业融合：一种粘性的观点 ［J］. 经济地理，38（12）：211-218.

梁丹霞，2018. 集体产权制度改革助力精准扶贫：来自四川省广元市利州

区的实践与启示 [J]. 新疆农垦经济 (7)：4-9.

刘清洋, 2018. 河南省乡村旅游精准扶贫实施路径与实证模式研究：以洛阳市栾川县重渡沟村为例 [J].：经营与管理, 412 (10)：118-121.

师亦琪, 2018. 涞水县南峪村旅游扶贫现状及对策研究 [D]. 保定：河北农业大学.

杨青贵, 2018. 精准扶贫背景下资产收益扶贫的现实表达与制度回应[J]. 西北农林科技大学学报 (社会科学版), 18 (2)：35-41.

翟晓琳, 2018. 精准扶贫背景下资产收益扶贫问题研究 [D]. 济南：山东大学.

张艺博, 杨生利, 2018. 科学·精准·内生：资产收益扶贫的理论特征与实践路径：学习习近平总书记扶贫开发战略思想 [J]. 世纪桥 (4)：12-13.

张静, 朱红兵, 刘婷, 2018. 基于利益相关者理论的乡村旅游精准扶贫机制研究 [J]. 佳木斯大学社会科学学报, 36 (1)：54-57.

宁梓成, 2019. 基于系统论的"区块链"旅游开发战略分析：以晋中榆次老城为例 [J]. 系统科学学报 (4)：126-129.

杨瑚, 2019. 返贫预警机制研究 [D]. 兰州：兰州大学.

笪玲, 2020. 贵州民族村寨旅游扶贫研究 [D]. 成都：西南民族大学.

李凯, 王振振, 刘涛, 2020. 西南连片特困地区乡村旅游的减贫效应分析：基于广西 235 个村庄的调查 [J]. 人文地理, 35 (6)：115-121.

罗永常, 2020. 合理增权、有效参与与利益协调：基于多理论场域的民族村寨旅游发展再思考 [J]. 贵州民族研究, 41 (8)：87-92.

吕华鲜, 钟皓凡, 丁忠慧, 2020. 民族地区社区居民参与旅游扶贫影响因素分析：基于贵州肇兴景区的调查 [J]. 桂林理工大学学报, 40 (3)：637-642.

谢镕键, 闭新英, 2020. 增权理论视角下的民族村寨旅游扶贫研究：以"中国美丽休闲乡村"中廖村为例 [J]. 特区经济 (6)：107-111.

张文林, 2020. 西部地区乡村旅游扶贫模式探究 [J]. 民族艺林 (4)：75-80.

李晓梅, 2021. 城市社区治理质量的属性、内涵和评价维度：基于社会行动系统论的分析框架 [J]. 行政论坛, 28 (1)：113-118.

RAPPAPORT J, 1984. Studies in empowerment：Introduction to the issue. In Studies in empowerment：steps toward understanding and action [D]. Edited by J, Rappaport C, Swift and Ress. New York：HaworthPress.

ZIMMERMAN M A, 1990. Taking aim on empowerment research：On thedistinction between psychological and individual conceptions [J]. American Journal ofcommunity psychology (18): 169-177.

AKAMA J, 1996. Western environmental values and nature-based tourism inKenya [J]. Tourism Management, 17 (8): 567-574.

SCHEYVENS R, 1999. Ecotourism and the empowerment of local communities [J]. Tourism Management, 20: 245-249.

CLARK D, et al., 2006. Rural governance, community empowerment and thenew institutionalism: A case study of the Isle of Wight [J]. JournalofRural Studies, 10: 4.

DEOMAMPO D, 2013. Gendered geographies of reproductive tourism [J]. Gender & Society, 27 (4): 514-537.

WANG Y, WEAVER D B, KWEK A, 2016. Beyond the mass tourism stereotype: power and empowerment in Chinese tour packages [J]. Journal of Travel Research, 55 (6): 724-737.

附　录

在附录部分，我们系统梳理了四川省旅游部门为了加强旅游产业在扶贫中的作用所起草的一些文件，这些文件对于其他省（自治区、直辖市）在进行防返贫、防致贫工作时具有一定的启示作用。

附录1　四川省旅游发展委员会、四川省扶贫和移民工作局《关于开展省级旅游扶贫示范区（村）和乡村民宿达标户创建工作的通知》

各市、州旅游委（局），扶贫移民局（办）：

按照省委办公厅、省政府办公厅印发的《17个扶贫专项2016年工作计划》要求，旅游扶贫作为我省17个扶贫专项计划之一，2016年要力争建成3至5个省级旅游扶贫示范区、30至50个示范村、300至500个民宿旅游达标户。为做好旅游扶贫专项工作，省旅游局和省扶贫移民局决定开展省级旅游扶贫示范区（村）和乡村民宿达标户标准创建工作。现将有关事项通知如下：

一、创建对象及主体

（一）四川省旅游扶贫示范区，是指把旅游业作为主导产业，旅游扶贫成效显著，旅游扶贫组织领导有力，旅游品牌建设突出，旅游市场管理规范，示范带动作用明显的县（市、区）级行政单位。创建对象为88个贫困县（市、区），所在市州今年首批申报省级旅游扶贫示范区，原则上各市州不超过1个。创建主体为88个贫困县（市、区）人民政府。

（二）四川省旅游扶贫示范村，是指旅游业带动当地贫困人口增收脱贫具有明显示范效应，开展丰富多元的乡村旅游活动，具备为游客提供相应的吃、住、行、游、购、娱等基础设施和服务设施，并能够为游客提供高质量旅游服务的行政村。创建对象为建档立卡贫困村,创建主体为所在乡(镇)人民政府。

(三)四川省乡村民宿达标户,是指经营者依法利用自有住宅或者租赁本地居民住宅,结合当地人文、自然景观、生态环境及乡村资源,以旅游服务的方式,提供乡村住宿、餐饮等旅游接待的经营场所。创建对象和主体均为建档立卡贫困村的乡村民宿经营户。

二、申报和评定程序

(一)申报。旅游扶贫示范区申报由县(市、区)人民政府向所在市(州)旅游和扶贫部门提出申请,旅游扶贫示范村(村委会负责人要签字或盖章)和乡村民宿达标户申报(经营业主负责人要签字或盖章)由所在地乡(镇)人民政府统一向县(市、区)旅游和扶贫部门提出申请。申报条件和申报材料详见《四川省旅游扶贫示范区(村)和乡村民宿达标评定管理办法》。

(二)审查。旅游扶贫示范区的申报由市(州)旅游和扶贫部门审查;旅游扶贫示范村和乡村民宿达标户的申报由县(市、区)旅游和扶贫部门审查。审查采取资料审核和现场查看方式,符合申报条件的,通过县(市、区)、市(州)旅游和扶贫部门逐级上报至省旅游和扶贫部门;未达到申报条件的,向申报单位提出整改意见。

(三)创建。申报单位要制定创建计划或方案,作为申报材料逐级上报备案。创建时间原则上不少于1年。创建过程中,创建单位可向省、市(州)、县旅游和扶贫部门逐级申请专家辅导。创建单位应根据专家辅导意见和建议,制定整改方案,落实整改措施。

(四)评定。

1. 初评:各市州根据辖区内旅游扶贫示范区(村)和乡村民宿达标户申报创建情况,制定验收评审计划,旅游扶贫示范区(村)由市州旅游和扶贫部门按照程序组织评审,达标后联合上报省旅游和扶贫部门。乡村民宿达标户由县旅游和扶贫部门按程序组织评审,达标后联合上报市州旅游和扶贫部门,经市州按比例随机抽查合格后上报省旅游和扶贫部门。

2. 省检:省旅游和扶贫部门组织专家开展省检,对各地上报的旅游扶贫示范区评审结果进行现场复查,对旅游扶贫示范村和乡村民宿达标户随机抽查。省检结果经省旅游和扶贫部门审核后,进行公示。

(五)批准。旅游扶贫示范区(村)和乡村民宿达标户名单通过公示后,由省旅游和扶贫部门联合发文认定并颁发标牌,作为获得省级旅游和扶贫等资金补助的重要依据。

三、工作要求

（一）高度重视，形成合力。各市（州）旅游和扶贫部门要高度重视，切实将旅游扶贫作为产业扶贫的重要抓手，强化工作统筹，制定相应政策，整合相关资金，在贫困村旅游项目推进、资金扶持、精品建设、市场促销等方面加大工作力度，在创建工作中要着重引导贫困地区建成一批 A 级景区、旅游度假区、乡村旅游点等影响力强的龙头旅游产品，增强贫困地区旅游发展核心竞争力，确保旅游扶贫工作取得实效。

（二）严密组织，认真推荐。各市州、县（市、区）要设立旅游扶贫评定机构，组织做好辖区内旅游扶贫示范区（村）和乡村民宿达标户创建的申报、指导、初评（乡村民宿达标户抽查）、推荐、监管等日常工作。2016 年 4 月 30 日前将辖区内旅游扶贫示范区申报材料报送省旅游和扶贫部门，2016 年 5 月 30 日前报送旅游扶贫示范村和乡村民宿达标户申报材料。

（三）坚持标准，确保质量。各级旅游和扶贫部门应按照《四川省旅游标准评定检查员管理试行办法》（川旅标评委发〔2012〕6 号）要求，坚持"严进严出"原则，建立专家库和检查员管理制度；设立旅游扶贫现场检查评定小组，严格按程序与标准实施旅游扶贫有关单位创建与复核现场检查评审工作。发现创建单位弄虚作假和评审把关不严的，取消创建和评审资格，并视情况对相关单位进行通报批评。

特此通知。

附件：

1. 四川省旅游扶贫示范区（村）和乡村民宿达标评定管理办法
2. 四川省旅游扶贫相关标准

附件 1　四川省旅游扶贫示范区（村）和乡村民宿达标评定管理办法

第一章　总　　则

第一条　为规范四川省旅游扶贫示范区、示范村和乡村民宿达标评定程序，引导和推动我省旅游扶贫工作向深度与广度拓展，促进贫困地区农村产业结构调整和带动贫困人口脱贫致富，推进农村经济社会发展，结合我省实际，制定本办法。

第二条　本办法所称四川省旅游扶贫示范区、示范村和乡村民宿，是指符合《四川省旅游扶贫示范区检查验收标准》（试行）、《四川省旅游扶贫示范村检查验收标准》（试行）、《四川省乡村民宿旅游服务质量达标检查验收标准》（试行）相关要求，并经一定程序认定的旅游区域和经营户。

第三条　旅游扶贫示范区、示范村和乡村民宿达标认定工作遵照自愿申请、分级评定、动态管理的原则，按照统一的内容、标准和程序进行。

第四条　各级人民政府应将旅游扶贫工作作为实施产业扶贫工程的重要抓手，深化产业融合，强化工作统筹，并制定相应政策，在贫困村旅游项目推进、资金扶持、精品建设、市场促销等方面加大工作力度。各级旅游、扶贫行政主管部门要统筹协调农（林）业、水利、住建、交通、科技、文化、卫生、安全等部门，形成工作合力，共推旅游扶贫工作取得明显成效。

第二章　条件与标准

第五条　创建和申报主体是 88 个贫困县、建档立卡贫困村及其乡村民宿经营户。

第六条　申报"四川省旅游扶贫示范区"的单位，应具备以下基本条件：

（一）科学编制乡村旅游发展专项规划和旅游扶贫实施方案。

（二）建立政府主导的旅游扶贫合作推进机制。

（三）创建 2 个及以上四川省乡村旅游扶贫示范村。

（四）贫困人口因发展旅游获得的收入占农民纯收入比重高于全省平均指标。

（五）整合各项扶贫资金用于旅游设施和旅游品牌建设。

（六）贫困发生率低于 4%。

（七）近三年内无重大旅游安全事故、重大旅游质量事故、重大环境污染事故及重大公共卫生事件发生。

（八）游客满意率不低于 70%。

第七条　申报"四川省旅游扶贫示范村"的单位，应具备以下基本条件：

（一）科学编制乡村旅游专项规划或其他规划中有乡村旅游章节。

（二）成立有管理机构（村级集体组织、乡村旅游合作社、旅游协会）。

（三）贫困人口因发展旅游获得的收入占其纯收入的比重不低于 10%。

（四）整合各项扶贫资金用于旅游设施和旅游品牌建设。

（五）近三年内无重大旅游安全事故、重大旅游质量事故、重大环境污染事故及重大公共卫生事件发生。

第八条　申报"四川省乡村民宿旅游服务质量达标"的经营户，应具备以下必备条件：

（一）按规定办理相关证照，持证经营；建筑、附属设施、服务项目和运行管理符合安全、消防、卫生、环保、质检等现行的国家（省）有关规定和标准。

（二）经营用房建筑结构安全牢固，无安全隐患。

（三）经营场地环境整洁。

（四）客房房间数在 20 间以下，人均使用面积不低于 4 ㎡。

（五）厨房有冷藏、冷冻设施和消毒设备，配备消防设施；食品来源和食品加工符合食品安全要求。

（六）至少有一间公共卫生间，整洁卫生。

（七）从业人员遵纪守法，遵守职业道德；身体健康，持有健康合格证。

（八）开展经营以来无重大旅游安全、质量投诉和环境污染事故发生。

第九条　四川省旅游扶贫示范区、示范村评分标准满分均为 120 分（含加分 20 分），认定得分需 80 分以上（含）；乡村民宿除满足必备条件，还需满足五项其他要求总体达标分 80 分（含）和各项内容必须达到的基础分。

第三章　组织机构与职责

第十条　在四川旅游标准评定委员会下，设立省旅游扶贫评定办公室，负责旅游扶贫工作统筹推进，协调相关行政主管部门与专家对市（州）推荐上报的旅游扶贫示范区、示范村初评结果和乡村民宿达标户评审结果进行资料审查、现场检查（乡村民宿达标户抽查）、推荐、公示、监管等工作。

市（州）、县应参照设立旅游扶贫评定机构，具体负责所辖区域旅游扶贫示范区、示范村和乡村民宿达标户的指导、培育、初评（乡村民宿达标户抽查与审核）、推荐、监管等日常工作。

县（市、区）旅游扶贫评定机构具体负责本地区旅游扶贫示范区、示范村和乡村民宿达标户的指导、培育、初审（乡村民宿达标户评审）、推荐、监管等日常工作。

第十一条　各级旅游扶贫等级评定机构应按照《四川省旅游标准评定检查员管理试行办法》（川旅标评委发〔2012〕6 号）要求，坚持"严进严出"原则，在进行资格审查、培训、考试等程序基础上建立专家库，实行首席检查员责任制及更严格的检查员管理制度；设立由旅游方面专家（首席检查员和检查员，具体负责实地检查、评分，撰写评审报告）和旅游与扶贫方面的行政管理人员（督查员，具体负责评审过程监督）组成的"旅游扶贫现场检查评定小组"，负责实施旅游扶贫有关单位创建与复核现场检查评审工作。

第四章　评定程序

第十二条　旅游扶贫示范区、示范村和乡村民宿达标的评定工作严格按照申报—创建—市州初评（评审）—省检—审核—批准的程序进行。

第十三条　申报：坚持自愿申报原则，自检合格的，旅游扶贫示范区申报单位由县（市、区）人民政府向所在地市（州）旅游扶贫评定机构申报，并递交申报材料；旅游扶贫示范村（村委会负责人要签字或盖章）和乡村民宿达标户申报（经营业主负责人要签字或盖章）由所在地乡（镇）人民政府统一向县（市、区）旅游和扶贫部门提出申请，并递交申报材料。

申报材料一式一份，应包括：

（一）申请报告（示范区、村要附创建工作方案）；

（二）自检得分表（含评分说明）；

（三）主要佐证支撑材料；

（四）反映标准中主要产品、特色业态、配套设施、服务质量等方面的影像资料（示范区应有光盘，示范村和乡村民宿达标户应有不少于5张精美照片）。

第十四条　县（市、区）旅游扶贫评定机构自收到示范村和乡村民宿达标户创建申报材料后，应在30个工作日内完成资料审核和现场查看，认为达到申报基本条件和相应标准的，同意其申报，并将申报材料报送市（州）旅游扶贫评定机构；认为未达到标准要求的，应向申报单位出具整改意见书。

第十五条　市（州）旅游扶贫评定机构自收到创建单位的申报材料后，应在30个工作日内完成资料审核和现场查看（抽查），认为达到申报基本条件和相应标准的，同意其申报；认为未达到标准要求的，应向申报单位出具整改意见书。

第十六条　创建：创建时间不少于1年，申报单位要制定详细的创建计划，明确责任目标，落实各项创建措施，创建计划或方案应报送当地市（州）、县（市、区）旅游扶贫评定机构备案。

创建过程中，申报单位可向省、市（州）、县旅游扶贫评定机构申请专家辅导（省重点指导县、市州重点指导县和乡、县重点指导村和经营户）。相关评定机构应根据实际情况组织专家赴现场进行指导，提出整改意见和建议。创建单位应根据辅导意见和建议，制定整改方案，落实整改措施。

第十七条　初审（评审）：市（州）旅游扶贫评定机构应根据所辖地域旅游扶贫示范区、示范村和乡村民宿达标户申报情况，制定评审计划，成立现场检查评审小组，旅游扶贫示范区、示范村按以下程序开展评审工作：

（一）实地检查。主要对旅游产品（业态、规模、经营模式等）、旅游公共配套设施（咨询中心、厕所、标识标牌和购物点等）、服务质量、安全卫生等进行检查。

（二）资料检查。主要对申报单位佐证材料进行核查，主要检查其科学性、真实性。

（三）评审会。

1. 听取申报单位创建工作情况汇报，并观看旅游扶贫工作概况音像资料（15分钟以内，乡村旅游扶贫示范区评审时必备要求）；

2. 检查员和监督员发言；

3. 首席检查员通报现场评审初步结论；

4. 申报单位或相关部门负责人表态。

市（州）旅游扶贫评定机构要对各县（市、区）评审通过推荐的乡村民宿达标户实行随机抽查，抽查率不少于30%。

（四）总结。填写《×××评分表》并与自评情况进行对比分析，撰写《四川省×××现场检查评审报告》，然后提交委派的市（州）旅游扶贫评定机构。

第十八条　市（州）旅游扶贫评定机构汇总现场检查（抽查）评审报告等有关材料，提交市（州）旅游和扶贫部门审核，认为评审达标的由市（州）旅游和扶贫行政主管部门以正式文件联合上报省旅游扶贫评定办公室。

第十九条　省检：由省旅游扶贫评定办公室负责组织实施。评审程序和乡村民宿达标户抽查比例参照第十七条进行。

第二十条　在省检前，根据申报情况，省旅游扶贫评定办公室委托第三方对符合申报基本条件的县（市、区）开展满意度测评与暗访以及促农增收抽样调查。旅游扶贫示范村的游客满意度测评结果与促农增收抽样调查报告由创建单位委托市（州）或上一级统计部门或法定调查机构出具报告。

第二十一条　批准：省旅游扶贫等级评定办公室根据省检情况，汇总后提出四川省旅游扶贫示范区、示范村和乡村民宿达标户推荐名单，报省旅游、扶贫行政主管部门审核，通过的在四川旅游、扶贫政务网上进行公示，公示期不少于7个工作日。

第二十二条　对公示期间收到投诉和举报的问题，省旅游扶贫评定办公室应派人进行现场核查，也可委托市（州）相关评定机构进行核查，作出相应决定。

对公示期间未收到投诉和举报，或投诉和举报问题经调查核实、整改完善的单位，由四川省旅游局和四川扶贫与移民局联合发文认定并颁发"四川省旅游扶贫示范区""四川省旅游扶贫示范村"标牌和公布"乡村民宿达标户"名单，作为获得省级旅游和扶贫等资金补助的重要依据。

第二十三条 经现场核查认为情况属实、问题比较严重的或重点抽查不达标的，应向申报单位出具书面整改通知书。申报单位应在整改完成后向所在地市（州）、县（区、市）旅游扶贫评定办公室报送整改情况报告。所在地旅游扶贫评定办公室认为整改达标的，推荐其参加下一年度的评定。

第五章 监督管理

第二十四条 申报过程中，应保证材料的真实、准确。如在评审过程发现材料造假，取消其申报资格，两年内不得再次申报。

第二十五条 坚持对旅游扶贫示范区、示范村和乡村民宿达标户实行动态管理。各级旅游扶贫评定办公室每年采取重点抽查与部分复核相结合、明察与暗访相结合，或委托专业机构开展社会调查、游客意见反馈等方式，按照标准对认定单位进行复核。

第二十六条 经抽查复核达不到要求的，或有重大投诉经调查情况属实的单位，按以下方法作出处理：

（一）由相应级别旅游、扶贫部门根据具体情况，作出警告、通报批评或取消等级的处理。对于取消等级的单位，由省旅游、扶贫行政主管部门对外公告，同时收回标牌。

（二）认定单位接到警告、通报批评的通知后，须认真整改，并在规定期限内将整改情况上报市（州）旅游扶贫等级评定机构。

（三）凡被取消等级的单位，自取消等级之日起两年内，不得重新申请。

第六章 附 则

第二十七条 旅游扶贫示范区、示范村的标牌，由省旅游扶贫评定办公室统一制作和颁发。任何单位和个人未经授权或认可，不得擅用"四川省旅游扶贫示范区""四川省旅游扶贫示范村"称号。

第二十八条 本办法由四川旅游标准评定委员会负责解释。

第二十九条 本办法自发布之日起施行。

附件2 四川省旅游扶贫相关标准

标准编制说明

旅游业是国民经济的综合性产业，旅游扶贫是我省扶贫开发战略的重要组成部分，是新一轮扶贫攻坚的重要突破口，也是发挥旅游综合功能的有效路径。在国家实施精准扶贫攻坚行动的背景下，为贯彻落实《中共四川省委关于集中力量打赢扶贫开发攻坚战确保同步全面建成小康社会的决定》精神，精准实施"五个一批"扶贫攻坚行动计划，全面推进我省旅游产业精准扶贫工作，特结合我省贫困地区旅游产业发展现状和特点，制定《四川省旅游扶贫示范区达标标准》《四川省旅游扶贫示范村达标标准》和《四川省乡村民宿旅游服务质量达标标准》，力图坚持标准引领、科学指导旅游扶贫工作，全面提高旅游扶贫成效。

《四川省旅游扶贫示范区达标标准》适用于四川省88个贫困县，规定了乡村旅游扶贫示范区的定义、适用范围、基本条件和评分细则，主要对创建单位的旅游扶贫示范带动效应、旅游扶贫组织领导、百A景区扶贫工程、乡村旅游品牌建设、旅游商品开发、旅游市场营销、旅游市场管理7个方面进行综合评定。其中，旅游扶贫示范带动效应和旅游扶贫组织领导是本标准重点检查验收的项目。另外，基本条件中只要有任何一项不达标，或者评分细则中综合评分低于80分，则创建单位不具备参与评定乡村旅游扶贫示范区的资格。

《四川省旅游扶贫示范村达标标准》适用于四川省建档立卡的贫困村，规定了旅游扶贫示范村的定义、适用范围、基本条件和评分细则，主要对创建单位的旅游扶贫示范带动效应、旅游扶贫政策措施、旅游产品特色、旅游基础设施、旅游服务设施和旅游经营管理六个方面进行综合评定。其中，旅游扶贫示范带动效应和旅游扶贫政策措施是本标准重点检查验收的项目。另外，基本条件中只要有任何一项不达标，或者评分细则中综合评分低于80分，则创建单位不具备参与评定乡村旅游扶贫示范村的资格。

《四川省乡村民宿旅游服务质量达标标准》适用于在四川省贫困地区内开展经营的乡村民宿，规定了乡村民宿的定义、必备条件以及其他服务质量验收要求。其中，必备条件规定了乡村民宿必须达到的要求，只要缺少任何一项，则乡村民宿不达标；其他要求通过打分来评定，评定内容包括经营场地、接待设施、主题特色、安全管理和服务水平5个方面，且规定了总体的达标分数和各项内容必须达到的基础分。

四川省旅游扶贫示范区达标标准

一、定义

旅游扶贫示范区是指把旅游业作为主导产业，旅游扶贫成效显著，旅游扶贫组织领导有力，旅游品牌建设突出，旅游市场管理规范，示范带动作用明显的县（市、区）级行政单位。

二、适用范围

本标准规定了四川省旅游扶贫示范区基本条件和评分细则的规范和要求。

本标准适用于四川省行政区域内的88个贫困县。

三、基本条件

申报"四川省旅游扶贫示范区"的单位，应具备以下基本条件：

（一）科学编制乡村旅游发展专项规划和旅游扶贫实施方案。

（二）建立政府主导的旅游扶贫合作推进机制。

（三）创建 2 个及以上四川省乡村旅游扶贫示范村。

（四）贫困人口因发展旅游获得的收入占农民纯收入比重高于全省平均指标。

（五）整合各项扶贫资金用于旅游设施和旅游品牌建设。

（六）贫困发生率低于 4%。

（七）近三年内无重大旅游安全事故、重大旅游质量事故、重大环境污染事故及重大公共卫生事件发生。

（八）游客满意率不低于 80%。

四、评分细则

说明：本评分细则共计 100 分，共 5 大项，另有附加分 20 分。综合评分达到 80 分才具备评定四川省乡村旅游扶贫示范区的资格。

《四川省旅游扶贫示范区达标标准》评分细则

序号	评分项目		检查评分方法与说明	大项分值栏	小项分值栏	分项分值栏	自检计分栏	评分单位计分栏
1	旅游扶贫示范带动效应			32				
1.1	贫困发生率		考察是否脱贫		5			
		低于1%				5		
		低于2%				4		
		低于3%				3		
		低于4%				2		
1.2	创建四川省乡村旅游扶贫示范村		考察旅游扶贫示范效果		6			
		5个及以上				6		
		4个				5		
		3个				3		
		2个				1		
1.3	贫困人口因发展旅游获得的收入占其纯收入比重高于全省平均指标		考察旅游扶贫效益		7			

序号	评分项目	检查评分方法与说明	大项分值栏	小项分值栏	分项分值栏	自检计分栏	评分单位计分栏
	高于全省平均指标12%（含）以上				7		
	高于全省平均指标8%（含）～12%				6		
	高于全省平均指标4%（含）～8%				4		
	高于全省平均指标4%以下				2		
	低于全省平均指标				0		
1.4	贫困人口旅游业参与人数占贫困人口总人数的比重	考察旅游业对当地贫困人口就业的带动效应（注：旅游业参与包括直接参与就业和间接参与旅游业，贫困人口旅游参与的类型详见附件）		7			
	50%（含）以上				7		
	30%（含）～50%				5		
	10%（含）～30%				3		
	10%以下				1		
1.5	通过发展旅游实现脱贫的贫困户数量占当年脱贫贫困户总数的比重	考察通过旅游扶贫实现贫困人口脱贫的效果		7			

表（续）

序号	评分项目	检查评分方法与说明	大项分值栏	小项分值栏	分项分值栏	自检计分栏	评分单位计分栏
	30%（含）以上				7		
	15%（含）～30%				5		
	5%（含）～15%				3		
	5%以下				1		
2	"百A景区"扶贫工程	考察旅游扶贫建设效果	7				
2.1	当年创建A级旅游景区的数量			7			
	5个及以上				7		
	4个				6		
	3个				5		
	2个				3		
	2个以下				0		
3	旅游扶贫组织领导		20				
3.1	建立旅游扶贫合作推进机制	考察政府及相关部门对旅游扶贫工作的重视程度		5			

序号	评分项目	检查评分方法与说明	大项分值栏	小项分值栏	分项分值栏	自检计分栏	评分单位计分栏
	建立有，且非常完善				5		
	建立有，但不够完善				3		
	未建立				0		
3.2	科学编制乡村旅游发展规划和旅游扶贫实施方案	考察是否科学谋划旅游业发展和旅游精准扶贫工作		5			
	编制有乡村旅游发展规划和旅游扶贫实施方案				5		
	未编制乡村发展规划，但在全区旅游发展规划、城乡规划等相关规划中有乡村旅游专门章节的内容，同时有乡村旅游扶贫实施方案				3		
	只有其中一项内容				1		
3.3	建立有旅游扶贫帮扶工作制度	考察旅游精准扶贫程度		5			
	已建立，对干部驻村帮扶工作做出具体安排部署，制度健全				5		
	已建立，对干部驻村帮扶工作做出具体安排部署，但制度不够健全				3		
	未建立，旅游扶贫工作安排不到位				0		
3.4	整合用于旅游扶贫的资金额度	考察政府对旅游扶贫财政投入力度		5			

表（续）

序号	评分项目	检查评分方法与说明	大项分值栏	小项分值栏	分项分值栏	自检计分栏	评分单位计分栏
	9 000万（含）以上				5		
	6 000万（含）~9 000万元				4		
	3 000万（含）~6 000万元				3		
	1 000万（含）~3 000万元				2		
4	乡村旅游品牌建设	考察乡村民宿的覆盖面	15				
4.1	乡村民宿达标户数量			7			
	100个（含）以上				7		
	70（含）~100个				6		
	50（含）~70个				4		
	30（含）~50个				2		
	30个以下				1		
4.2	星级农家乐/乡村酒店数量	考察乡村旅游品牌化建设情况		4			

表（续）

序号	评分项目	检查评分方法与说明	大项分值栏	小项分值栏	分项分值栏	自检计分栏	评分单位计分栏
	20家（含）以上				4		
	15（含）~20家				3		
	10（含）~15家				2		
	5（含）~10家				1		
	5家以下				0		
4.3	乡村旅游特色业态数量	考察乡村旅游主题化建设情况，包括乡村旅游特色乡（镇），乡村旅游精品村寨，乡村旅游创客基地和乡村旅游精品特色业态经营点		4			
	20家（含）以上				4		
	15（含）~20家				3		
	10（含）~15家				2		
	5（含）~10家				1		
	5家以下				0		
5	旅游商品品牌建设	考察旅游扶贫方式的多样化	6	6			

序号	评分项目	检查评分方法与说明	大项分值栏	小项分值栏	分项分值栏	自检计分栏	评分单位计分栏
	具有创意化的文化产品10种及以上				2		
	具有文化化的实用产品10种及以上				2		
	具有旅游化的农副土特产品10个及以上				2		
6	旅游市场营销		12				
6.1	制定和实施旅游宣传营销方案	考察旅游营销的系统性、科学性和可操作性		4			
	制定有旅游宣传营销方案，且完全得到实施				4		
	制定有旅游宣传营销方案，但没有实施				2		
	未制定旅游宣传营销方案				0		
6.2	定期举办重大旅游节会活动	考察旅游扶贫营销力度和影响度		3			
	有省级以上政府主办的旅游节会活动				3		
	有市（州）级政府或省级部门主办的旅游节会活动				2		
	有县（市、区）级政府或市（州）部门主办的旅游节会活动				1		
6.3	纳入旅游营销活动的平台	考察政府对旅游营销的重视程度		3			

序号	评分项目	检查评分方法与说明	大项分值栏	小项分值栏	分项分值栏	自检计分栏	评分单位计分栏
	纳入省级及以上旅游市场营销体系中				3		
	纳入市（州）级旅游营销体系中				2		
	纳入县（市、区）级旅游营销体系中				1		
6.4	新媒体营销	考察旅游营销的推广度		2			
	在微信、微博、微电影或 Tsichuan 等任一网络媒体平台上开辟专栏推介旅游产品				2		
	在微信、微博、微电影或 Tsichuan 等任一网络媒体平台上推介旅游产品				1		
	未在网络媒体上开展旅游产品专题营销				0		
7	旅游市场管理		8				
7.1	旅游投诉圆满解决率	考察政府对旅游市场的监管程度		2			
	95%以上				2		
	80%（含）~95%				1		
	80%以下				0		
7.2	旅游从业人员培训率	考察服务质量提升情况		3			

序号	评分项目	检查评分方法与说明	大项分值栏	小项分值栏	分项分值栏	自检计分栏	评分单位计分栏
	90%以上				3		
	80%（含）~90%				2		
	70%（含）~80%				1		
	70%以下				0		
7.3	游客满意率	考察游客对乡村旅游的满意度		3			
	90%（含）以上				3		
	85%（含）~90%				2		
	80%（含）~85%				1		
	80%以下				0		
附则	加分项目		20				
J1	获得省级及以上与旅游密切相关荣誉或称号5类品牌以上的得满分20分，每类4分，累计不超过20分	包括中国乡村旅游模范村、全国休闲农业与乡村旅游示范县（点）、旅游度假区、生态旅游示范区、乡村旅游示范（强）县（区、市）、自驾游营地等		20			
总分	120						

四川省旅游扶贫示范区有关内容说明

一、本标准所指贫困村、贫困户是指建档立卡的贫困村、贫困户。

二、贫困人口旅游业参与类型包括：直接参与旅游经营的，如开办农家乐和经营乡村民宿；参与乡村旅游接待服务的，如在乡村旅游经营户中打工，或者参与文艺演出或其他非物质文化遗产的演艺活动等；通过发展旅游出售自家农副土特产品获得收入的；生产或销售当地特色旅游商品或手工艺品的；通过参加乡村旅游合作社和土地流转获取租金的；通过资金、人力、土地参与乡村旅游经营获取入股分红的。

三、乡村民宿沿用《四川省乡村民宿旅游服务质量达标检查验收标准》中的定义。

四、贫困发生率、贫困人口因发展旅游获得的收入占其纯收入的比重、贫困人口旅游业参与度人数占贫困人口总人数的比重、通过发展旅游实现脱贫的贫困户数量占当年脱贫贫困户总数的比重、发展旅游的贫困村数量占贫困村总数的比重、乡村民宿达标户数量、旅游投诉圆满解决率、游客满意率等依据当地政府统计年鉴和第三方对申报单位抽样调查及暗访的测评结果。

五、四川省旅游扶贫示范村、乡村民宿、星级农家乐/乡村酒店、乡村旅游特色业态、国家（省）级示范休闲农庄、A级旅游景区、旅游度假区、生态旅游示范区、乡村旅游示范县（市、区）、乡村旅游特色乡（镇）、中国乡村旅游模范村、乡村旅游精品村寨、全国休闲农业与乡村旅游示范县或示范点等品牌，以认定文件与证书或标牌为准。正在建设或创建的不纳入计算范围。

六、建立旅游扶贫推进工作机制，提出旅游扶贫政策和措施，整合各项扶贫资金用于旅游扶贫项目等，以正式文件（含批复文件）为准。

七、无旅游安全事故发生等证明，由市（州）旅游、安监、环保、卫生等相关部门出具。若无证明则一票否决。

八、检查旅游投诉圆满解决率、旅游从业人员培训率、重大节事活动与演艺活动、网络营销等，主要查看各种档案资料与工作记录。

四川省旅游扶贫示范村达标标准

一、定义

旅游扶贫示范村是指旅游业带动当地贫困人口增收脱贫具有明显示范效应，开展丰富多元的乡村旅游活动，具备为游客提供相应的吃、住、行、游、购、娱等基础设施和服务的设施，并能够为游客提供高质量旅游服务的行政村。

二、适用范围

本标准规定了四川省旅游扶贫示范村的基本条件和评分细则的规范和要求。

本标准适用于四川省建档立卡的贫困村。

三、基本条件

申报"四川省旅游扶贫示范村"的单位，应具备以下基本条件：

（一）科学编制乡村旅游专项规划或其他规划中有乡村旅游章节。

（二）成立有管理机构（村级集体组织、乡村旅游合作社、旅游协会）。

（三）贫困人口因发展旅游获得的收入占其纯收入的比重不低于10%。

（四）整合各项扶贫资金用于旅游设施和旅游品牌建设。

（五）近三年内无重大旅游安全事故、重大旅游质量事故、重大环境污染事故及重大公共卫生事件发生。

四、评分细则

说明：本评分细则共计100分，共6大项，另有附加分20分。综合评分达到80分才具备评定四川省乡村旅游扶贫示范村的资格。

《四川省旅游扶贫示范村达标标准》评分细则

序号	评分项目	检查评分方法与说明	大项分值栏	小项分值栏	分项分值栏	自检计分栏	评分单位计分栏
1	旅游扶贫示范带动效应		32				
1.1	乡村旅游致富带头人	考察旅游扶贫带头人的示范效应		6			
	4个（含）以上				6		
	3个				5		
	2个				4		
	1个				3		
1.2	贫困人口因发展旅游获得的收入占其纯收入的比重	考察旅游扶贫效益		8			
	40%（含）以上				8		
	30%（含）~40%				7		
	20%（含）~30%				5		
	10%（含）~20%				3		
	10%以下				0		
1.3	贫困人口旅游业参与人数占贫困人口总数的比重	考察旅游业对当地贫困人口的带动效应		6			

表（续）

序号	评分项目	检查评分方法与说明	大项分值栏	小项分值栏	分项分值栏	自检计分栏	评分单位计分栏
	40%（含）以上				6		
	30%（含）~40%				5		
	20%（含）~30%				3		
	10%（含）~20%				2		
	10%以下				0		
1.4	通过发展旅游实现脱贫的贫困户数量占当年脱贫贫困户总数的比重	考察旅游覆盖面		8			
	30%（含）以上				8		
	20%（含）~30%				7		
	10%（含）~20%				5		
	5%（含）~10%				3		
	5%以下				0		
1.5	乡村民宿达标户数量占旅游接待户总数的比例	考察乡村民宿的覆盖面		5			

表（续）

序号	评分项目	检查评分方法与说明	大项分值栏	小项分值栏	分项分值栏	自检计分栏	评分单位计分栏
	50%（含）以上				5		
	40%（含）~50%				4		
	30%（含）~40%				3		
	20%（含）~30%				2		
	20%以下				0		
2	旅游政策措施		15				
2.1	科学编制乡村旅游专项规划或其他规划中有乡村旅游章节	考察是否科学谋划乡村旅游业发展		7			
	编制有乡村旅游专项规划				7		
	未编制乡村旅游专项规划，但在其他规划中有本村乡村旅游章节或内容				5		
	未编制乡村乡村旅游专项规划，在其他规划中也没有本村旅游章节或内容，但乡（镇）政府有关于本村发展乡村旅游的计划				3		
	没有				0		

序号	评分项目	检查评分方法与说明	大项分值栏	小项分值栏	分项分值栏	自检计分栏	评分单位计分栏
2.2	统筹扶贫专项资金用于旅游配套设施和旅游品牌建设	考察政府对旅游扶贫财政投入力度		8			
	1 000 万元（含）以上				8		
	800 万（含）～1 000 万元				6		
	500 万（含）～800 万元				4		
	300 万（含）～500 万元				2		
3	旅游产品特色		14				
3.1	有提供观光、休闲、度假等多品种、多业态的乡村旅游经营项目	乡村旅游经营项目类型较为单一的酌情扣分		4			
3.2	充分反映当地农业生产和农民生活的特点	出现与当地农业生产和农民生活严重背离的旅游活动则酌情扣分		4			
3.3	体现乡土文化和民俗特色	乡土文化和民俗特色表现不足的酌情扣分		3			
3.4	利用当地资源打造旅游特色商品或手工艺品 1 个以上	没有旅游特色商品或手工艺品的此项不得分		3			
4	旅游基础设施		15				
4.1	具有畅通的通村公路，且入户道路全部硬化	交通条件不好的情扣分		2			

序号	评分项目	检查评分方法与说明	大项分值栏	小项分值栏	分项分值栏	自检计分栏	评分单位计分栏
4.2	通信网络畅通	考察移动信号是否全覆盖；存在移动信号盲区的酌情扣分		2			
4.3	具有满足生活需求的供水、供电设施	设施不全的酌情扣分		2			
4.4	具有为游客提供服务的商贸流通体系	考察是否能为游客提供购物、邮寄等服务		2			
4.5	具有消防、报警、医疗救治等公共安全设施	公共安全设施不齐全的酌情扣分；没有相关安全设施不得分		3			
4.6	设有数量充足的垃圾收集设施	数量不足的酌情扣分		2			
4.7	具有统一的垃圾和污水处理场所	有统一垃圾处理场所但没有污水处理场所的酌情扣分		2			
5	旅游服务设施		12				
5.1	乡村旅游经营场所的餐厅和厨房达到国家卫生标准要求			2			
5.2	游览、娱乐等设备运行正常，无安全隐患			2			
5.3	设有旅游咨询点			2			
5.4	建有旅游厕所，且干净无味	有公共厕所但卫生不达标的酌情扣分		2			
5.5	建有停车场			2			

序号	评分项目	检查评分方法与说明	大项分值栏	小项分值栏	分项分值栏	自检计分栏	评分单位计分栏
5.6	旅游标识标牌规范、醒目	旅游标识标牌不规范酌情扣分		2			
6	旅游经营管理		12				
6.1	成立有管理机构（村级集体组织、乡村旅游合作社、旅游协会等）	未成立相关乡村旅游管理机构的，此项不得分		3			
6.2	基本形成统一服务标准、统一营销的管理局面	未形成统一管理的，依据具体情况酌情扣分		3			
6.3	设有专人负责服务质量监管和市场秩序维护			2			
6.4	旅游投诉圆满解决率	考察政府对旅游市场的监管程度		2			
	95%以上				2		
	90%（含）~95%				1		
	90%以下				0		
6.5	旅游从业人员培训率	考察乡村旅游服务规范化程度		2			
	80%以上				2		
	50%（含）~80%				1		
	50%以下				0		
附则	加分项目		20				

表（续）

序号	评分项目	检查评分方法与说明	大项分值栏	小项分值栏	分项分值栏	自检计分栏	评分单位计分栏
J1	获得星级农家乐/乡村酒店称号	有 5 家（含）以上得满分 5 分，有 4 家得 4 分，有 3 家（含）以上得 3 分，有 2 家得 2 分，有 1 家（含）以上得 1 分，没有不得分		5			
J1	获得省级乡村旅游特色业态（含国家、省级示范休闲农庄）授牌	有获得省级精品乡村旅游特色业态授牌的 1 家或以上或非精品的 2 家以上，可得满分 5 分；仅有 1 家非精品的得 3 分，没有得 0 分		5			
J1	属于旅游景区（3A 级以上）、旅游度假区、生态旅游示范区，或有中国乡村旅游模范村和模范户、乡村旅游示范村、全国休闲农业与乡村旅游示范点、乡村旅游精品村寨、乡村旅游创客示范基地和自驾游营地等品牌	2 项（含）品牌以上的得满分 10 分，每项得 5 分，累计不超过 10 分		10			
总分	120						

四川省旅游扶贫示范村有关内容说明

一、本标准所指贫困村、贫困户是指建档立卡的贫困村、贫困户。

二、贫困人口旅游业参与类型包括：直接参与旅游经营的，如开办农家乐和经营乡村民宿；参与乡村旅游接待服务的，如在乡村旅游经营户中打工，或者参与文艺演出或其他非物质文化遗产的演艺活动等；通过发展旅游出售自家农副土特产品获得收入的；生产或销售当地特色旅游商品或手工艺品的；通过参加乡村旅游合作社和土地流转获取租金的；通过资金、人力、土地参与乡村旅游经营获取入股分红的。

三、乡村旅游致富带头人是指具有先进发展理念、较高组织管理能力、丰富实践经验，能扎根乡村、热爱乡土，直接从事乡村旅游经营、组织和管理活动，通过发展乡村旅游帮助和引导当地农民实现脱贫致富的村干部、经营户，乡村旅游企业主和合作社带头人。

四、乡村民宿沿用《四川省乡村民宿旅游服务质量达标检查验收标准》中的定义。

五、贫困人口因发展旅游获得的收入占其纯收入的比重、贫困人口旅游业参与度人数占贫困人口总数的比重、通过发展旅游实现脱贫的贫困户数量占贫困户总数的比重、乡村民宿达标户比例、旅游投诉圆满解决率等依据统计年鉴和第三方对申报单位抽样调查及暗访的测评结果。

六、星级农家乐/乡村酒店、乡村旅游特色业态、国家（省）级示范休闲农庄、全国休闲农业与乡村旅游示范点、中国乡村旅游模范村和模范户、乡村旅游示范村、乡村旅游精品村寨、A级景区、旅游度假区、生态旅游示范区、旅游商品、名优产品、地理标志产品等品牌，以认定文件与证书或标牌为准。正在建设或创建的不纳入计算范围。

七、建立乡村旅游管理机构（村级集体组织、乡村旅游合作经营组织、旅游协会），整合各项扶贫资金用于旅游扶贫项目等，以正式文件（含批复文件）为准。

八、无旅游安全事故发生的证明，由市（州）旅游、安监、环保、卫生等部门出具。若无证明则一票否决。

九、检查旅游投诉圆满解决率、旅游从业人员培训率等，主要查看各种档案资料与工作记录。

四川省乡村民宿旅游服务质量达标标准

1 范围

本标准规定了四川省乡村民宿的术语和定义、基本条件以及其他服务质量验收要求。

本标准适用于在四川省贫困地区内开展经营的乡村民宿。

2 规范性引用文件

下列文件中的条款通过本标准的引用而成为本标准的条款。凡是注日期的引用文件，仅所注日期的版本适用于本文件。凡是不注日期的引用文件，其最新版本（包括所有的修改单）适用于本文件。

GB 3095 环境空气质量标准

GB 5749 生活饮用水卫生标准

GB 8978 污水综合排放标准

GB/T 10001.1 标志用公共信息图形符号 第1部分：通用符号

GB/T 10001.2 标志用公共信息图形符号 第2部分：旅游休闲符号

GB 14934 食（饮）具消毒卫生标准

GB/T 18973 旅游厕所质量等级的划分与评定

3 术语与定义

下列术语和定义适用于本标准。

3.1 乡村民宿

乡村民宿是指经营者依法利用自有住宅或者租赁本地居民住宅，结合当地人文、自然景观、生态环境及乡村资源，以旅游服务的方式，提供乡村住宿、餐饮等旅游接待的经营场所。

3.2 文化主题

文化主题是指在乡村民宿的建筑设计、空间布局、装修装饰、服务内容和方式等方面，体现某种具有地域、民族或乡土特色的文化内涵。

4 必备条件

4.1 按规定办理相关证照，持证经营；建筑、附属设施、服务项目和运行管理符合安全、消防、卫生、环保、质检等现行的国家和省有关规定和标准。

4.2 经营用房建筑结构安全牢固，无安全隐患。

4.3 经营场地环境整洁。

4.4 客房房间数在20间以下，人均使用面积不低于4㎡。

4.5 厨房有冷藏、冷冻设施和消毒设备，配备消防设施；食品来源和食品加工符合食品安全要求。

4.6 至少有一间公共卫生间，整洁卫生。

4.7 从业人员遵纪守法，遵守职业道德；身体健康，持有健康合格证。

4.8 开展经营以来无重大旅游安全、质量投诉和环境污染事故发生。

5 其他要求

该部分为其他要求的评分细则，包括经营场地、接待设施、主题特色、安全管理、服务水平五个方面，满分 100 分，达标分数不低于 80 分。其中，经营场地满分 12 分，基础分不低于 6 分；接待设施满分 48 分，基础分不低于 24 分；主题特色满分 12 分，基础分不低于 6 分；安全管理满分 11 分，基础分不低于 6 分；服务水平满分 17 分，基础分不低于 9 分。

序号	评分项目	大项得分	分项得分	次分项得分	打分
5.1	经营场地	12			
5.1.1	生活污水和生活垃圾集中收集处理，应符合 GB8978 等标准规定		3		
5.1.2	经营用房四周生态环境良好，具有浓郁的乡村风情		3		
5.1.3	房屋建筑风貌与当地的人文民俗、村庄环境景观相协调		3		
5.1.4	字号牌匾的文字书写规范、工整、醒目		3		
5.2	接待设施	48			
5.2.1	客房		12		
	客房每日至少打扫一次，整洁卫生，做到应叫服务			5	
	床单、被套、枕套等床上用品做到一客一换，且定期消毒			4	
	配备拖鞋、牙刷牙膏等等基本生活用品			3	
5.2.2	厨房		12		

序号	评分项目	大项得分	分项得分	次分项得分	打分
	厨房地面已做硬化处理,防滑、易于清洗			4	
	食品原料和餐具分开清洗,厨具卫生并及时消毒,符合 GB14934 标准规定			4	
	厨房有专门放置临时垃圾以及防止蚊、蝇、鼠及其他害虫进入和隐匿的设施设备			4	
5.2.3	就餐环境		12		
	布局合理,采光通风良好,整洁卫生			3	
	地面已作防滑处理			3	
	有防蚊蝇、蟑螂等设施			3	
	有能力提供一日三餐,如不能供餐需提供替代方案			3	
5.2.4	卫生间		12		
	上下水设备完好,配备洗脸盆(备有洗涤用品)、镜台等辅助设施			5	
	卫生间内适当装修,地面经防滑处理,有明显的指示标志和防滑标志			4	
	配备有热水供应设施且运行良好			3	
5.3	主题特色	12			
5.3.1	鼓励经营者利用当地资源开展多样化的乡村旅游活动		4		
5.3.2	鼓励经营者对经营用房进行文化主题设计与营造,文化特色表现基本到位,内涵健康		4		
5.3.3	倡导建筑室内室外设计体现本地乡土文化,采用的建筑材料遵循地产地销的原则		4		
5.4	安全管理	11			
5.4.1	制订有简便易行的各类安全事故处置应急预案		3		

序号	评分项目	大项 得分	分项 得分	次分项 得分	打分
5.4.2	每间客房内需在明显位置张贴疏散逃生标识或示意图，以及公安、消防、医院紧急联络电话		2		
5.4.3	水、电、气等设施设备、门窗及其他室内室外设施、器具安全可靠，定期检查、维修和保养		2		
5.4.4	备有消防、防盗、救护、应急照明等设施，每月至少进行一次全面检查，确保完好有效		4		
5.5	服务水平	17			
5.5.1	从业人员掌握旅游接待服务基本知识，文明礼貌，服务态度热情		3		
5.5.2	对从业人员进行培训，达到岗位合格的要求		2		
5.5.3	从业人员以家庭成员为主，30%以上从业人员基本能用普通话进行接待服务		2		
5.5.4	从业人员着装应整洁大方		2		
5.5.5	供应的食物、特色产品应遵循地产地销的原则，与当地居民或当地产业互动效果良好		3		
5.5.6	设有旅游服务质量投诉电话和意见簿，能及时有效地处理游客投诉，并能按游客意见改进服务，无严重质量投诉		2		
5.5.7	在经营活动中应当依法经营、合理收费、公平竞争、诚实守信，为游客提供健康文明的规范化服务		3		
总分	100				

附录 2　文化和旅游部办公厅关于印发《国家旅游人才培训基地管理办法（试行）》的通知

为贯彻落实《"十三五"旅游人才发展规划纲要》，加强国家旅游人才培训基地建设，规范国家旅游人才培训基地运行管理，特制定本办法。

一、总则

（一）国家旅游人才培训基地建设要坚持以习近平新时代中国特色社会主义思想为指导，认真践行新发展理念，积极推进文化和旅游融合发展。

（二）国家旅游人才培训基地是经文化和旅游部批准设立、承担旅游培训和人才培养任务的机构，是为旅游主管部门和旅游企事业单位提供旅游专业人才培训服务的平台。

（三）国家旅游人才培训基地要按照优化布局、突出特色、资源共享、注重实效的要求，实行分批建设和分级管理。

二、职责分工

（一）文化和旅游部是国家旅游人才培训基地的业务指导部门，负责国家旅游人才培训基地的设立、调整和撤销，制定有关管理规定，发布国家旅游人才培训基地年度培训计划，组织国家旅游人才培训基地交流，并监督指导其运行。

（二）省级旅游主管部门是国家旅游人才培训基地的直接管理单位，负责辖区内国家旅游人才培训基地的具体管理，制定实施符合本地区实际的管理制度，审核并上报国家旅游人才培训基地年度培训计划。

（三）国家旅游人才培训基地所依托的培训机构、高等院校是基地的运行单位，负责建立健全基地管理机构，配备专门人员，制定基地运行办法，承担基地日常工作。

三、基本条件

（一）国家旅游人才培训基地的依托单位应是具备良好旅游人才培训工作基础和一定行业影响的高等院校、培训机构等单位。

（二）组织管理机制完善，并有一支满足工作需要的旅游人才培训工作团队。

（三）拥有一支政治素质过硬、业务素质较强、具有丰富教学和实践经验、能够满足培训需要、相对稳定的师资队伍。

（四）具有满足旅游人才培训需要的教学和辅助设施。

（五）具有围绕旅游业发展重点领域和紧缺旅游人才需求拓展旅游人才培训的能力。

四、运行机制

（一）国家旅游人才培训基地是依托培训机构、高等院校等单位挂牌的非实体机构。基地人财物不改变原有隶属关系，在业务上接受其上级单位的指导。国家旅游人才培训基地要严格遵守继续教育法规和政策，在整合培训资源、构建培训特色、创新培训手段上开展积极探索。

（二）国家旅游人才培训基地主要承担文化和旅游部示范培训项目和重点专项培训项目；承办各地旅游主管部门、行业协会、企事业单位委托的培训项目；面向旅游行业开展市场化培训；开展旅游人才培训理论研究，开发有针对性和实效性的培训项目、培训课程和培训教材。

（三）国家旅游人才培训基地要为接受培训的学员提供优质高效的培训服务，特别是提供新理论、新知识、新技术、新方法的培训，有效提高学员的职业素养与专业水平，增强学员的学习能力、实践能力、创新能力。

（四）国家旅游人才培训基地应加强师资队伍建设，不断创新培训内容，改进培训方式方法，提高培训的针对性和实效性，加强培训过程管理和质量监控，不断提高培训水平，逐步形成专业品牌和培训特色。

（五）国家旅游人才培训基地要充分运用现代技术手段，积极开发在线学习平台，拓展网络远程培训。

（六）国家旅游人才培训基地应积极参与国际交流与合作，利用境外的优质培训资源，不断提高旅游人才培训的国际化水平。

（七）国家旅游人才培训基地的培训项目要向革命老区、民族地区、边远地区和贫困地区适当倾斜。

五、管理监督

（一）国家旅游人才培训基地实行年度培训计划审核制度。各基地应根据行业培训需求制定年度计划，并于每年年底前，将本年度计划执行情况和下一年度计划报省级旅游主管部门审核，由省级旅游主管部门审核同意后，报文化和旅游部备案、发布。

（二）国家旅游人才培训基地应按照文化和旅游部发布的年度计划开展培训，每个培训项目结束后要认真做好培训总结和效果评估。

（三）未经文化和旅游部批准，不得以国家旅游人才培训基地的名义开展培训活动。

（四）国家旅游人才培训基地举办文化和旅游部委托的培训项目要严格遵守《中央和国家机关培训费管理办法》。举办其他各类培训要坚持厉行节约、反对浪费的原则，增强培训经费使用的科学性，提高培训经费使用效益。

（五）以国家旅游人才培训基地名义举办的各类培训项目，要严格遵守中共中央组织部《关于在干部教育培训中进一步加强学员管理的规定》。

（六）文化和旅游部会同省级旅游主管部门，对国家旅游人才培训基地进行定期评估和不定期检查。对培训质量较高、社会反响较好的国家旅游人才培训基地，及时宣传推广经验做法，在培训项目安排、经费分配等方面给予倾斜。对培训质量评价较差、社会反响不好的国家旅游人才培训基地，文化和旅游部将责令整改，整改不到位的予以撤销。

（七）对违反年度计划备案审核制度及有关规定，对于乱收费、乱发证的国家旅游人才培训基地，文化和旅游部将责令整改，整改不到位的予以撤销。

（八）国家旅游人才培训基地依托单位名称、负责人、联系方式等信息发生变更的，须及时报文化和旅游部备案。

六、附则

本办法由文化和旅游部负责解释。

附录3 四川省A级旅游景区带动精准脱贫加分办法（试行）

第一条 为了充分发挥旅游景区对贫困地区和至景区交通沿线贫困村的辐射带动作用，推动旅游精准扶贫、精准脱贫，推进旅游供给侧结构性改革，结合四川省旅游景区发展实际，特制定本办法。

第二条 旅游景区是核心旅游产品，是旅游产业的主体。旅游景区带动精准扶贫，是扶贫工作的重要形式。《四川省A级旅游景区带动精准脱贫加分办法（暂行）》（简称A+++标准）的实施，是为贯彻落实党中央、国务院以及国家旅游局关于打赢脱贫攻坚战、开展乡村旅游扶贫等文件的重要精神和四川省委省政府的战略部署，依据《四川省十三五旅游扶贫规划》安排以及国家标准《旅游景区质量等级的划分与评定》（GB/T17775—2003）（简称A评标准）、《旅游景区服务指南》（GB/T26355—2010）与地方标准《旅游景区质量等级提升要求》（DB51/T2140-2016）（简称A+标准）等相关条款进行，对四川省旅游发展起中坚作用的AAA级及以上等级旅游景区提出更高的创新发展与管理要求，目的是促进旅游景区充分发挥扶贫带动作用，助推四川贫困地区全面小康社会建设。各级旅游行政管理部门要高度重视此项工作，将其作为旅游精准扶贫工作、本区域AAA级及以上等级旅游景区创建与管理工作的重要内容加以落实，精准施策，给予支持。

第三条 本办法适合"十三五"期间四川省有脱贫攻坚任务的160个县（市、区）的AAA级及以上等级旅游景区及拟创建的A级旅游景区。

第四条 四川省AAA级旅游景区质量等级评定复核标准，由A评标准、A+++标准构成。四川省AAAA级及以上等级旅游景区质量等级评定复核标准，由A评标准以及A+标准、《游客高峰时段旅游景区应对要求》（DB51/T2141-2016）（简称A++标准）A+++标准构成。

第五条 在四川省A级旅游景区评定、复核检查工作中，将增加旅游景区对本地精准脱贫的带动效益作为加分条件，按照A+++标准执行，所得总分值作为加分，相应纳入A评标准细则一得分总分值进行检查考核。

在四川省AAA级及以上等级旅游景区评定时，对获得全国"景区带村"旅游扶贫示范项目称号或成功创建四川省旅游扶贫示范村的旅游景区给予加分支持，A+++标准评分所得总值可相应补足A评标准细则一得分；对依托景区带动周边 100 平方千米范围内的贫困村发展和贫困户就业创业、脱贫效益显著的旅游景区，给予加分支持，A+++标准评分所得总值可相应补足 A 评标准细则一得分。

在四川省 A 级旅游景区复核检查中，对带动周边 100 平方千米范围内精准脱贫效益显著的景区，给予重点支持，A+++标准评分所得总值可相应提升 A 评标准细则一得分。

第六条 四川省 A 级旅游景区在接受评定、复核检查时，需按照 A+++标准准备自查汇报资料、得分依据及佐证资料，作为评定、复核检查旅游景区等级质量的软件资料的重要组成部分。

第七条 在四川省 A 级旅游景区评定、复核检查过程中，要按照 A+++标准对自查汇报资料、得分依据及佐证资料进行统一考察、评分，在实地检查、资料查阅、情况汇总与检查复核报告中，对 A+++标准所涉及内容给予评价。

第八条 凡达到 A+++标准的 A 级旅游景区，可按照省委、省政府关于旅游工作相关文件予以奖励，在积极争取国家和省级旅游发展资金、旅游国债资金等项目实行优惠政策给予支持。

第九条 本办法由四川省旅游标准评定委员会负责解释。

第十条 本办法自发布之日起实行。

《四川省 A 级旅游景区带动精准脱贫加分办法（暂行）》评分细则

一、适用范围

本办法适合"十三五"期间四川省有扶贫任务的 160 个县（市、区）的 AAA 级及以上等级旅游景区的创建、评定与复核检查。

二、实施主体

A 级旅游景区及拟创建的 A 级旅游景区。

三、基本要求

四川省 AAA 级及以上等级旅游景区和拟创建 AAA 级及以上等级旅游景区的要充分发挥带动所在区域旅游精准脱贫的重要作用，做到：

（一）积极参与所在地政府主导的旅游扶贫工作，营造景区内外旅游环境，拓展发展空间，实现市场共享，通过培训帮助提高旅游服务标准化、规范化水平，提升基础设施与服务设施建设质量，形成资源产品互补，创造多方共赢发展局面。

（二）注重景区建设与外围贫困村旅游发展的整合性，将周边贫困村纳入景区开发规划，或帮助贫困村编制发展规划、实施方案，带动 100 平方千米范围内贫困村精准脱贫。

（三）建立与周边贫困村、贫困户的利益联结机制，推动合作开发餐饮、住宿、购物、休闲娱乐等项目，开展多样化乡村旅游活动。充分吸纳贫困户就业，探索景区收入反哺贫困户模式，带动贫困群众增收脱贫。带动乡村共建旅游品牌1个以上，为省级乡村旅游扶贫示范区所覆盖，或创建有2个及以上省级旅游扶贫示范村。

（四）建立"景区+合作社"模式，带动贫困村集体经济发展。鼓励景区入股乡村旅游合作社，牵头合作社经营管理，创新务工计价入股等多元化入股方式，吸纳贫困户加入合作社，探索资产收益扶贫模式。形成管理机构组织引导、合作组织（村级集体组织、乡村旅游合作社、旅游协会等）实施推进、贫困户参与、收益来源多元、脱贫形式多样的旅游精准脱贫模式。

（五）景区带动精准脱贫效应显著，区内贫困村集体经济中旅游收入占比不低于60%；贫困人口参与旅游获得的人均年收入占其纯收入比重不低于60%；周边贫困村集体经济中旅游收入占比不低于40%；贫困人口参与旅游获得的人均年收入占其纯收入比重不低于40%。

四、评分细则

说明：

1. 为了与脱贫攻坚成效验收工作相结合，本细则评价指标与《四川省旅游扶贫示范区达标标准》《四川省旅游扶贫示范村达标标准》达标细则相协调，统筹景区创建与带动旅游精准脱贫工作。

2. 景区内及其周边100平方千米范围内无贫困人口的，考察对象自然转为农村行政村及其居民，根据实际情况相应计算得分。

3. 本细则共计50分，分为3个大项。其中参与合作10分，工作举措25分，脱贫效益15分。

评分细则计分总表

单位＼项目	分值情况	负责人签字	评定日期
自检计分			
推荐单位计分			
评定单位计分			

评分细则表

序号	评分项目	检查评分方法与说明	大项分值栏	小项分值栏	分项分值栏	自检计分栏	推荐单位计分栏	评分单位计分栏
1	参与合作		10					
1.1	参与政府主导的旅游扶贫工作	考察景区对带动旅游扶贫工作的重视程度		5				
	有参与，且非常完善				5			
	有参与，但不够完善				3			
	未参与				0			
1.2	编制旅游扶贫规划、脱贫实施方案	考察景区建设注重与外围旅游发展的整合性		5				
	贫困村纳入景区开发总规或编制扶贫实施方案				5			
	无贫困村实施方案，但已纳入景区总规中				3			
	未纳入景区规划，无实施方案				0			
2	工作举措		25					
2.1	建立与周边贫困村、贫困户的利益联结机制	考察"景区+合作社"模式或带动贫困村发展效应		5				

序号	评分项目	检查评分方法与说明	大项分值栏	小项分值栏	分项分值栏	自检计分栏	推荐单位计分栏	评分单位计分栏
2.1.1	参与贫困村合作社经营	合作开发餐饮、住宿、购物、休闲娱乐等活动			2			
2.1.2	吸纳贫困户就业、带动贫困群众增收脱贫	为贫困户提供就业			3			
	20名以上				3			
	5~20名				2			
	5名以下				1			
2.2	带动乡村共建旅游品牌	如被中国乡村旅游创客示范基地，中国乡村旅游模范村、国家现代农业庄园、中国度假乡村、中国风情小镇、四川省乡村旅游强县、精品村兼等品牌与省级乡村旅游扶贫示范区覆盖，不失分。非贫困县不失分		5				
2.2.1	共建乡村旅游品牌一个以上，或被省级乡村旅游扶贫示范区覆盖				2			
2.2.2	创建有2个及以上省级旅游扶贫示范村	3A带动创建示范村不少于2个；4A及以上不少于3个			3			
2.3	景区带动外围旅游接待设施标准化建设	考察区外旅游接待设施的标准化建设		5				

序号	评分项目	检查评分方法与说明	大项分值栏	小项分值栏	分项分值栏	自检计分栏	推荐单位计分栏	评分单位计分栏
2.3.1	经营餐厅、厨房达到国家卫生标准要求	不达标扣1分			1			
2.3.2	有旅游咨询点，能提供处理投诉等服务	有咨询点但未提供服务，扣0.5分			1			
2.3.3	有旅游厕所，且干净无味	有公共厕所但卫生不达标，扣0.5分			1			
2.3.4	有生态停车场，数量充足	有停车场但数量不足，扣0.5分			1			
2.3.5	旅游标识标牌规范、醒目	旅游标识标牌不规范，扣0.5分			1			
2.4	景区带动外围旅游基础设施建设			6				
2.4.1	具有畅通的通村公路，且入户道路全部硬化	交通不畅、无会车点扣0.5分			1			
2.4.2	通信网络畅通	信号存在盲区扣0.5分			1			
2.4.3	具有满足生活需求的供水、供电设施	设施不全扣0.5分			1			
2.4.4	具有消防、报警、医疗救治等公共安全设施	公共安全设施不齐全扣0.5分；没有不得分			1			
2.4.5	设有数量充足的垃圾收集设施	数量不足扣0.5分			1			
2.4.6	具有统一的垃圾和污水处理场所	有统一处理场所但无污水处理设施扣0.5分			1			

序号	评分项目	检查评分方法与说明	大项分值栏	小项分值栏	分项分值栏	自检计分栏	推荐单位计分栏	评分单位计分栏
2.5	景区帮助乡村旅游从业人员培训率	考察景区带动乡村旅游服务规范化提升		4				
	80%以上				4			
	50%（含）~80%				2			
	50%以下				1			
3	脱贫效益	考察旅游脱贫成效	15					
3.1	区内带动贫困村集体经济中旅游收入占比不低于60%，贫困人口参与旅游获得的人均年收入占其纯收入不低于60%	考察带动区内贫困村集体经济发展效益，两项达标得满分，其中一项不足扣一半分		5				
	区内60%（含）以上				5			
	区内30%（含）~60%以上				3			
	区内10%~30%				1			
	区内10%以下				0			
3.2	周边带动贫困村集体经济中旅游收入占比不低于40%，贫困人口参与旅游获得的人均年纯收入占其收入不低于40%	考察带动区外贫困村集体经济发展效益，两项达标得满分，其中一项不足扣一半分		5				

序号	评分项目	检查评分方法与说明	大项分值栏	小项分值栏	分项分值栏	自检计分栏	推荐单位计分栏	评分单位计分栏
	周边 40%（含）以上				5			
	周边 20%（含）～40%				3			
	周边 10%～20%				1			
	周边 10% 以下				0			
3.3	旅游商品开发	考察旅游商品开发情况		5				
3.3.1	具有创意性的文化产品 10 种及以上	不足的扣 1 分			2			
3.3.2	具有文化性的实用产品 10 种及以上	不足的扣 1 分			2			
3.3.3	具有旅游化的农副土特产品 10 个及以上	不足的扣 0.5 分			1			
总分	50							

附录4 国家发展改革委办公厅、文化和旅游部办公厅关于印发《"三区三州"等深度贫困地区旅游基础设施改造升级行动计划（2018—2020 年）》的通知

各有关省、自治区发展改革委、财政厅、交通运输厅、旅游委（局），各铁路局集团公司：

为贯彻落实中共中央办公厅、国务院办公厅《关于支持深度贫困地区脱贫攻坚的实施意见》，进一步加强西藏自治区、四省藏区、新疆维吾尔自治区南疆四地州、四川凉山州、云南怒江州、甘肃临夏州等深度贫困地区的旅游基础设施和公共服务设施建设，推进旅游业发展，促进民族交往交流交融和脱贫致富，我们制定了《"三区三州"等深度贫困地区旅游基础设施改造升级行动计划（2018—2020 年）》。现印发给你们，请认真贯彻执行。

附件："三区三州"等深度贫困地区旅游基础设施改造升级行动计划（2018—2020 年）

附件 "三区三州"等深度贫困地区旅游基础设施改造升级行动计划（2018—2020 年）

为贯彻落实中央领导同志重要指示精神和中央西藏办、中央新疆办有关要求，按照《关于支持深度贫困地区脱贫攻坚的实施意见》，进一步加强西藏自治区、四省藏区、新疆维吾尔自治区南疆四地州、四川凉山州、云南怒江州、甘肃临夏州等深度贫困地区的旅游基础设施和公共服务设施建设，推进旅游业发展，促进民族交往交流交融和脱贫致富，特制定本行动计划。

一、深化思想认识，明确总体要求

以习近平新时代中国特色社会主义思想为指导，深入贯彻党的十九大精神，坚持精准扶贫精准脱贫基本方略，聚焦深度贫困地区脱贫攻坚这个"坚中之坚"，加强统筹协调，强化政策集成，加大资金投入，大力改善"三区三州"等深度贫困地区旅游基础设施和公共服务设施，提高可进入性和接待能力，提升服务质量和水平，推动深度贫困地区旅游业加快发展，发挥旅游经济在脱贫攻坚和促进各民族交往交流交融中的积极作用，带动深度贫困地区和贫困群众脱贫致富，同全国人民一道进入全面小康社会。

二、加大政策资金支持力度，重点支持"三区三州"

（一）加快"三区三州"主通道建设，加强对旅游业发展的支撑

加快推进 G8513 平凉经九寨沟至绵阳、G4216 成都至丽江、G0613 丽江至香格里拉、G3012 喀什至和田等国家高速公路待贯通路段建设，到 2020 年，四省藏区高速公路覆盖所有地级行政中心。按照中长期铁路网规划和国家战略要求，加强"三区三州"铁路建设强度，强化对外铁路通道建设，努力提高路网覆盖面。优先安排建设资金，加快青藏铁路格尔木至拉萨段扩能工程、川藏铁路拉萨至林芝段、川藏铁路成都至雅安段、成都至川主寺铁路、成昆铁路扩能改造工程、库尔勒至格尔木铁路、克塔铁路铁厂沟至塔城段、阿勒泰至富蕴至准东铁路、博州铁路支线建设；加快推进和田至若羌、南疆铁路库尔勒至喀什段扩能改造工程、西宁至成都铁路等项目前期工作，力争早日开工建设；推进川藏铁路雅安至林芝段前期研究，支持以地方为主建设阿克苏至阿拉尔支线铁路。

（二）完善区域干线公路网络，促进区域旅游协调融合发展

加快普通国道待贯通路段建设，实现普通国道网基本贯通；以通县国道建设为重点，推进普通国省干线提档升级，提升路网整体服务水平；加强西藏和四省交界地区公路互联互通建设，提升区域对外联通水平。有序推进《全国红色旅游公路规划（2017—2020 年）》的实施，积极支持红色旅游公路建设，改善红色旅游景区景点对外交通条件，为旅游业发展创造条件。

（三）加大资金投入和项目倾斜，改善旅游基础设施和公共服务设施

在"十三五"文化旅游提升工程中增补一批旅游基建投资项目，专项用于支持"三区三州"等深度贫困地区旅游项目建设，切实改善道路、步行道、停车场、供水供电、垃圾污水处理、消防安防、应急救援、游客信息等服务设施，集中力量建设一批基础设施完善、吸引力强、服务质量好的景区，增强对当地居民的综合带动作用。在"十三五"支持西藏和四省藏区经济社会发展规划建设项目方案、"十三五"支持新疆经济社会发展规划建设项目方案中期评估调整时，将符合条件的旅游项目纳入规划方案并积极予以支持。加大对"三区三州"等深度贫困地区旅游发展基金支持力度，指导建设提升一批旅游资讯平台、游客中心、集散中心、咨询中心、旅游应急指挥平台体系，不断完善旅游公共服务设施。在实施"厕所革命"新三年计划（2018 年至 2020 年）中，从政策扶持、资金补助、技术服务上向"三区三州"等深度贫困地区倾斜。

（四）引导社会资本投入，不断丰富旅游产品和服务

指导"三区三州"等深度贫困地区依据资源特色、交通状况和环境承载力等，开发具有区域特点和民族特色的旅游产品。引导和支持社会资本开发建档立卡搬迁人口参与度高、受益面广的旅游项目，支持本地宾馆饭店、景点景区优先吸纳易地扶贫搬迁贫困群众就业。鼓励和引导民间投资通过PPP、公建民营等方式参与旅游基础设施建设。支持依托高速公路、旅游公路、风景道等加快建设自驾车、房车旅游营地及相关配套设施，开发自驾车房车旅游线路，带动沿线和附近村民受益。指导各地在深度贫困地区重点村开展停车场、农副产品商店、医疗救助站、垃圾收集站、旅游标识标牌、游客咨询服务中心等建设，改造提升乡村旅游基础设施，着力改善接待条件。《全国优选旅游项目名录》优先将"三区三州"等深度贫困地区符合条件的项目纳入。鼓励国家开发银行按市场化原则依法合规为旅游基础设施和公共服务设施项目提供信贷支持。优先支持符合条件的全国金融支持旅游扶贫重点项目，充分发挥中央资金的增信和杠杆作用。支持中国旅游产业基金募集和引导各类资金优先向"三区三州"等深度贫困地区倾斜，支持有条件的地区设立旅游产业基金。

三、落实部门责任，强化实施保障

各有关地方和部门要充分认识大力发展旅游在实施脱贫攻坚工程、促进民族交往交流交融中的重要作用，强化组织领导，密切上下联动，注重内外协同。各地有关部门要在地方政府统一领导下，紧密结合实际，抓紧梳理政策，做好项目申报和前期准备工作，及时与中央相关部门对接，切实落实好各项行动计划，力争本地区旅游基础设施和公共服务设施水平实现较大改观。各相关部门要按照职责分工，强化统筹，密切配合，完善措施，加强对地方的工作指导，整合优化现有资金政策，切实形成改善旅游基础设施和公共服务设施、促进旅游快速发展的合力。

附录5 文化和旅游部、财政部关于在旅游领域推广政府和社会资本合作模式的指导意见

各省、自治区、直辖市旅游发展委员会（旅游局），财政厅（局）：

政府和社会资本合作模式是完善公共服务供给机制的重要方向，是国家治理体系和治理能力现代化的重要内容。为更好鼓励运用政府和社会资本合作（PPP）模式改善旅游公共服务供给，现提出如下意见：

一、总体要求

全面贯彻党的十九大和十九届三中全会精神，以习近平新时代中国特色社会主义思想为指导，坚持稳中求进工作总基调，坚持新发展理念，按照高质量发展的要求，统筹推进"五位一体"总体布局和协调推进"四个全面"战略布局，坚持以旅游供给侧结构性改革为主线，紧扣人民日益增长的旅游美好生活需要和不平衡不充分的旅游业发展之间的矛盾，以全域旅游为导向，以优质旅游为目标，逐步加强旅游基础设施建设，持续提升旅游公共服务供给水平，着力发挥旅游业在精准扶贫中的重要作用，大力推动旅游业质量变革、效率变革、动力变革。

二、基本原则

——明确内涵，厘清外延。深化对PPP模式的理解认识，防止简单化和片面化倾向，把公共服务供给作为界定PPP模式的核心，厘清政府责任与市场机制的边界。

——夯实基础，全民受益。针对旅游业的不同类型，坚持公共服务属性，优化配置资源，保障旅游基础设施和公共服务供给，促进社会资本竞争和创新，确保公共利益最大化。

——加强引导，规范发展。将公共服务产品质量和群众满意度作为政府付费的重要依据。加大政策扶持力度，强化绩效评价和项目监管，确保项目顺利实施、规范运作，防止地方政府违法违规或变相举借债务，防范财政金融风险。

——运营为本，重诺履约。鼓励各类市场主体通过公开竞争性方式参与项目合作，明确各参与主体的责任、权利关系和风险分担机制，强化项目运营，树立契约理念，诚实守信，严格履约。

三、重点领域

通过在旅游领域推广政府和社会资本合作模式，推动项目实施机构对政府承担的资源保护、环境整治、生态建设、文化传承、咨询服务、公共设施建设等旅游公共服务事项与相邻相近相关的酒店、景区、商铺、停车场、物业、广告、加油加气站等经营性资源进行统筹规划、融合发展、综合提升，不断优化旅游公益性服务和公共产品供给，促进旅游资源保护和合理利用，完善旅游资源资产价值评估，更好地满足人民群众对旅游公共服务的需要，大力推动旅游业提质增效和转型升级。

重点包括但不限于以下领域：

（一）旅游景区。在依法合规的前提下，以国有自然、文化资源资产的科学保护和合理利用为导向，重点加强景区道路、环卫设施、游憩设施、标识系统等基础设施和安全设施建设，加强景区及周边环境的综合整治。优先支持开放型景区开展旅游 PPP 项目建设。

（二）全域旅游。以创建全域旅游示范区为导向，对一定区域内的厕所、咨询服务体系、旅游引导标识系统、旅游资源保护等与酒店、景区等经营性旅游资源进行整合开发建设。

（三）乡村旅游。以促进乡村优秀传统文化的保护与传承为导向，在现代农业庄园、田园综合体、农业观光园、农村产业融合示范园、精品民宿等经营性开发中对垃圾收集站、旅游标识标牌等进行统一规划与建设。

（四）自驾车旅居车营地。依托交通集散地、景区景点等建设自驾车旅居车营地，加强水、电、气、排污、垃圾处理等基础设施和自驾游服务中心、环卫设施等配套建设。

（五）旅游厕所。通过以商建厕、以商管厕、以商养厕等方式，鼓励社会资本方对一定区域内的厕所进行统一开发建设和运输管理。

（六）旅游城镇。以加强城市、乡镇、街区等特色旅游资源的保护为导向，鼓励社会资本方将特色旅游资源的科学保护、合理利用及相关配套经营性服务设施的建设运营等进行统筹规划、有机衔接。

（七）交通旅游。支持地方政府将交通项目和旅游资源的利用融合建设、一体发展，鼓励社会资本方参与旅游风景道、邮轮港口、游船码头、公共游艇码头、旅游集散中心、通景公路及相关配套服务设施的建设。

（八）智慧旅游。鼓励和支持政府和社会资本方采取 PPP 模式开展智慧旅游城市、智慧旅游景区、智慧旅游公共服务平台、旅游数据中心、旅游基础数据库等建设。

（九）健康旅游等新业态。鼓励政府和社会资本方将旅游资源的经营性开发项目与养老、体育、健康、研学等领域公共服务供给相衔接。

优先支持符合本意见要求的全国优选旅游项目、旅游扶贫贷款项目等存量项目转化为旅游 PPP 项目。

四、严格执行财政 PPP 工作制度

（一）严格筛选项目。各级旅游、财政部门要加强合作，依托全国 PPP 综合信息平台，科学论证筛选，优先选择有经营性现金流、适宜市场化运作、强化运营管理的旅游公共设施及公共服务项目，做好项目储备，明确年度及中长期项目开发计划，确保工作有序推进。

（二）确保公平竞争。各级旅游、财政部门要加强协作，指导项目实施机构依法通过公开、公平、竞争性方式，择优选择具备项目所需建设运营能力和履约能力的社会资本开展合作，保障各类市场主体平等参与旅游 PPP 项目合作，消除本地保护主义和各类隐形门槛。鼓励金融机构早期介入项目前期准备，提高项目融资可获得性。

（三）合理分担风险。各级旅游、财政部门要加强协作，指导项目实施机构按照风险分担、利益共享的原则，充分识别、合理分配和有效应对 PPP 项目风险。保障政府知情权，政府可以参股项目公司；保障项目公司的经营独立性和风险隔离功能，政府不得干预企业日常经营决策，不得违规兜底项目建设运营风险。

（四）保障合理回报。各级旅游、财政部门要加强协作，指导项目实施机构根据项目特点构建合理的项目回报机制，财政部门依据项目合同约定将财政支出责任纳入地方政府年度预算和中期财政规划，按项目绩效考核结果向社会资本支付对价，保障社会资本获得合理收益。

（五）严格债务管理。各地财政部门要认真组织开展项目物有所值评价和财政承受能力论证，加强本辖区内 PPP 项目财政支出责任统计和超限预警，严格政府债务管理，对政府参股及付费项目，加强建设、运营成本控制，严禁政府或政府指定机构回购社会资本投资本金或兜底本金；政府不得向社会资本承诺固定或最低收益回报；政府部门不得为项目债务提供任何形式担保；严禁存在其他违法违规举债担保行为。

（六）强化信息公开。各级旅游、财政部门要认真落实《政府和社会资本合作（PPP）综合信息平台信息公开管理暂行办法》（财金〔2017〕1 号）有关要求，做好 PPP 项目全生命周期信息公开工作，及时、完整、准确地录入旅游 PPP 项目信息，及时披露项目识别论证、政府采购及预算安排等关键信息，增强社会资本和金融机构信心，保障公众知情权，接受社会监督。

（七）加强绩效考核。各级旅游、财政部门要加强协作，共同推动建立旅游PPP项目绩效考核机制，跟踪掌握项目实施和资金使用情况，推动形成项目监管与资金安排相衔接的激励制约机制。

五、加大政策保障

（一）强化工作协同合作。两部门共同推动地方人民政府积极探索建立跨部门旅游PPP工作领导协调机制，加强政府统一领导，明确部门职责分工，强化培训引导，形成工作合力，推动项目顺利实施。

（二）建立优先推荐函制度。对于地方人民政府重点推荐的旅游PPP项目，省级旅游部门在充分征求省级财政部门意见的基础上，向国家旅游局报送推荐旅游PPP项目目录，每个省（区、市）不超过2个；由文化和旅游部、财政部组织专家论证后，择优选取并共同向社会推荐。

（三）优化资金投入方式。各级财政部门、旅游部门要探索创新旅游公共服务领域资金投入机制，进一步改进和加强资金使用管理，发挥财政资金引导撬动作用，推动金融和社会资本更多投向旅游领域，提高投资有效性和公共资金使用效益。积极鼓励民营资本参与PPP项目建设，不得设置限制条款或任意提高门槛。

（四）发挥典型带动作用。各地财政部门、旅游部门要共同做好旅游PPP项目申报的指导工作，加强对实施效果好、社会评价高的旅游PPP项目的经验总结和案例推广。

（五）拓宽金融支持渠道。充分发挥中国政企合作支持基金和中国旅游产业基金的股权投资引导作用，鼓励各地设立PPP项目担保基金，带动更多金融机构加大对旅游PPP项目的投融资支持。鼓励金融机构在符合当前监管政策的前提下创新PPP金融服务，可纳入开发性、政策性金融支持范畴，优化信贷流程，鼓励能够产生可预期现金流的旅游PPP项目通过发行债券和资产证券化等市场化方式进行融资。鼓励保险资金按照市场化原则，创新运用多种方式参与项目，创新开发适合旅游PPP项目的保险产品。

（六）建立动态评估调整机制。积极推进旅游公共服务领域价格改革，引导各地综合考虑建设运营成本、财政承受能力、居民意愿等因素，合理确定旅游服务价格水平和补偿机制，推动建立价格动态调整和上下游联动机制，增强社会资本收益预期，提高社会资本参与积极性。逐步建立完善科学的旅游资源论证评估和PPP项目绩效评价体系，动态掌握项目整体运营管理情况。

（七）合理安排旅游用地。落实好《国土资源部、住房和城乡建设部、国家旅游局关于支持旅游业发展用地政策的意见》（国土资规〔2015〕10 号）及相关涉旅用地政策，有条件的地区可优先支持旅游 PPP 项目开发建设。

对于文件执行之中遇到的问题，请各地及时向文化和旅游部、财政部报告。